給中學生的生涯探索術

文——謝其濬
漫畫——LONLON
協力指導——楊俐容（青少年心理專家）

給中學生的生涯探索術

目錄

企劃緣起

從十三歲開始，培養面向未來的關鍵能力！

文／親子天下董事長兼執行長　何琦瑜

寫給讀這本書的少年們：

打開這本書的你，可能每天被考不完的試、寫不完的功課，或總是背了又忘、忘了又要背的課本，霸占了多數的青春時光。也或許你看穿一切，根本已經放棄；或是你正在學校裡打混，想辦法在老師和父母所給的壓力夾縫中求生存。不論如何，偶爾在你發呆、打手遊、看Youtube的餘暇中，或是埋首功課煩悶的夜晚，一定曾經想過：這一切，所為何來啊？白話翻譯就是，我現在花這麼多時間做的事情、學的這些東西，到底以後，是可以幹嘛的呢？

如果你腦海裡曾經閃過這個「大哉問」，恭喜你，這代表你開始對自己的未來有所想像和期許！如果你試圖主動思考、想要安排規劃「你的人生」

（而不是你爸爸媽媽交代而勉強去做的喔），那麼這個系列「從十三歲開始」，就是為你準備的。

學校沒有教，卻更重要的事

你對自己的未來有什麼夢想和期許？想當畫家或歌手？銀行家或老師？或是你根本沒想那麼遠，只想變瘦一點讓自己更有自信，或是想要多交朋友讓自己更快樂；也許你希望英文變好一點可以環遊世界，或是可以更有效率的通過考試念到好高中或大學……，不論那個「未來」是遠是近，是什麼樣的圖像，只要你想要「改變」什麼，「完成」什麼，你就已經開始學習，為自己的人生掌舵。就像開飛機或開車，你得要先經過駕訓班，裝備一些開車開飛機的基本概念、操作技術和能力認證，才能上路；「掌舵」你自己的未來，也需要裝備一些「關鍵能力」，能夠幫你更快實現夢想、達成目標、真正負起責任，並取得別人的授權與信任。

這些必須裝備的「關鍵能力」包含：

- 認識自己的長處和優勢、懂得為自己設定方向的目標力
- 計畫、改善、行動的執行力
- 獨立思考、解讀判斷的思辨力
- 用文字和口語，論情說理、表述清晰的溝通力
- 與他人相處、合作、交往的人際力

【十三歲就開始】是陸續往這些關鍵能力發展成書的系列。書裡面沒有「老人的教訓」，而是幫助你上路的「使用說明」。因為我相信，開始讀這本書的你，一定是個極有主見，而且時時想要讓自己更好的讀者。你聽的嘮叨夠多了，我們不必多加贅言。所以，我們替你綜整各方各派有用的方法和工具，深入了解這個年紀開始碰到的「痛點」，提供具體的「行動方案」。書裡各式各樣發生在生活裡的難題和故事，也幫助你提前想一想：如果換做我是主角，面對同樣的兩難，我會怎麼做？

這個系列中各書的主題，都是你馬上用得到，生活裡就能馬上練習的能

力。有時間和心力的話，你可以照表操課，不斷演練改進。若沒有餘裕，也可以讀一讀書，找到一、兩個適用的工具或提醒，謹記在心，潛移默化的向目標前進。

有些大人認為，少年人都沒有韌性和毅力。我不相信這個說法，相信你也不會服氣。【十三歲就開始】這個系列，就是希望能陪伴有志氣的你，務實做好面對世界、面對未來的準備。讓你有信心的說：「相信我，我做得到！Yes I can !」

專家推薦

探索未來、築夢踏實，為自己創造更有意義的人生

文／青少年心理專家　楊俐容

職業？生涯？對於才剛脫離兒童階段、跨入青春年華的你來說，也許會覺得前者太遙遠、後者太抽象。但，如果問你，未來想要從事什麼樣的工作？擁有什麼樣的人生？實現什麼樣的夢想？你心中肯定多少有些答案。

在和青少年相處的經驗裡，我發現有些人渴望賺許多錢，讓自己過優渥的生活；有的人羨慕成功的企業家，可以管理很多人，也有不少人希望能夠做自己感興趣的事情，或者對大眾福祉有所貢獻等。無論答案是什麼，大家背後共同的目標，無非希望擁有快樂幸福的人生。

那麼，什麼是快樂幸福的人生呢？許多研究發現，不管從事什麼工作、職位有多高、薪水有多好，有些人享受其中，有些人苦不堪言，也就是說，財富與地位固然可以帶來一時的快樂，但未必能帶來長久的滿足和深刻的幸福，其中的關鍵就在於這樣的生涯是否合乎自己的志向、對自己有意義。

特別是在這個變動的時代，職業的形態與數量不斷增加，有許多未來會出現的工作，完全超乎你現在的想像，甚至在一生中從事兩種以上的工作，也可能成為常態。另外，由於自我意識抬頭、價值觀念多元，年輕人對於職業與生涯的選擇也有了更大的自由。然而，在這樣的時代變遷下，有人充分享受自由所帶來的好處，做出最適合自己的生涯選擇，但也有人茫然不知所措，或者乾脆不去想它、得過且過。

十三到十八歲是自我探索的重要階段，也是生涯發展的關鍵時刻。這本《給中學生的生涯探索術》，就是希望提供你了解自己的方法，以及實際可行的探索計畫，讓青春正盛的你擁有更多的資源，充分發揮決策權，從容的應對未來挑戰和壓力，創造更有意義的人生。

有夢，人生才會有美好的風景，而任何夢想雖美，仍需要精力與汗珠的支持。希望這本書能夠讓你正確評估自己的才能和性格、勾勒理想與抱負，讓你可以有系統、有方向的去思考未來，築夢踏實、美夢成真！

第1章 觀念篇

生涯探索，找到人生的方向

你想像過自己未來的樣子嗎？

未來的你，是做著自己嚮往的「夢幻職業」，充分發揮自己所長？還是當個平凡的上班族，每天把工作做好，領著一份固定的薪水就很滿足？又或是自己出來創業，享受當老闆的威風呢？

人生有很多條路可以選擇，可是，你知道哪一條路最適合自己嗎？如果有一天，你要為自己的生涯做抉擇時，你會怎麼做呢？

一、就聽爸媽師長的話，他們說什麼，我就選什麼。

二、跟著潮流走，選擇最熱門的行業。

三、和朋友一起最重要，死黨選什麼，我就選什麼。

四、了解自己的興趣、天賦和專長，再進行選擇。

如果你選擇的答案是一，代表你以父母的期待作為生涯抉擇的主要考慮因素。當然，父母師長的意見，有值得參考的地方，但是，如果你完全不考慮自己的興趣、天賦、專長，很可能會選擇一份不適合自己的工作。

如果你選擇的答案是二，代表你認為最熱門的行業一定最有保障。其實，由於世界潮流不斷的改變，現在看起來最熱門的行業，過幾年可能就會退燒了，因此，以行業的熱門程度作為選擇的指標，其實很有風險。

如果你選的答案是三，代表你很重視同儕之間的關係，為了維繫這樣的關係，你選擇走相同的路，可是，適合對方的生涯，不見得就適合你。

如果你選的答案是四，代表你認為自己的興趣、天賦和專長，是未來生涯規畫很重要的指標，因此你很可能選擇一條自己喜歡，也能夠發揮自我的生涯之路。

不過，你知道要找到適合自己的生涯抉擇，除了興趣、天賦、專長，還需要考慮什麼因素？你又該如何做，才能了解自己的興趣、天賦和專長？

什麼是生涯探索？

生涯探索，就是探索自我，並且了解升學、職業的相關資訊。你所掌握的資訊越多，未來進行生涯抉擇時，就會更清楚自己的方向。

與生涯探索相關的主題，包括了：

- ◆ **我的興趣是什麼**？
- ◆ **我的天賦（性向）是什麼**？
- ◆ **我的專長是什麼**？
- ◆ **我該選擇什麼樣的科系**？
- ◆ **我該選擇什麼樣的職業**？

簡單來說，生涯探索就是一門知己（了解自己）、知彼（了解工作世界）的功課，經過生涯探索後，有助於你進行適合自己的生涯規畫。

當你畫出一幅令自己滿意的生涯藍圖，只要你持續朝著自己的人生目標前進，未來就有機會過自己想過的生活。

CHECK

你是哪一種類型的人？

碰到下列兩種狀況，你通常會怎麼做？

1. 同時看上兩款球鞋，但只買得起一雙，你通常會：

A. 離開這家店，一雙也不買。

B. 預支零用錢，兩雙都買。

C. 仔細考慮哪一雙比較合乎自己的需要。

D. 看哪一雙比較流行、比較新潮。

2. 對自己的球技（或學業）表現不滿意，此時你會：

A. 請教練或家教老師加強指導。

B. 找人聊聊，發現自己的問題，再決定要如何改進。

C. 立刻埋首苦讀或猛練。

D. 心情鬱悶，但沒有任何行動。

（楊俐容提供）

解析

	A	B	C	D
1	猶豫型	直覺型	理智型	依賴型
2	依賴型	理智型	直覺型	猶豫型

猶豫型：

如果你是屬於猶豫型的人，代表在成長的過程中沒有被鼓勵去了解自己、探索外在世界，面對選擇時容易有兩種情況，一是舉棋不定，覺得這個好、那個也不錯，因此煩惱不已。二是既不積極，也不知何去何從，完全消極無作為。

依賴型：

如果你是屬於依賴型的人，代表對自己不了解或沒自信，容易受親朋好友的影響，或追隨社會的主流選擇走；哪個科系夯、大家覺得什麼好，就往哪裡去。優點是省時省力不多想，該怎麼辦就怎麼辦：分數上哪就讀哪，門當戶對就結婚。缺點是少了真正的熱情，因為沒有覺察到內在的自我，過於固著保守，可能錯失自我發展的好時機，將來也許會後悔。

直覺型：

如果你是屬於直覺型的人，代表你對自己的內在需求很清楚，對外在世界卻一無所知，結果就是跟著感覺走。這樣的人決定下得很快，但麻煩是，易受個人主觀成見影響或任由對外在的幻想帶領，導致偏離現實。譬如以為只要讀了大眾傳播學系，畢業就可以當主播。

理智型：

如果你是屬於理智型的人，代表你對自己、外在世界都有一定的了解，具備現實理性的思維，也會關照自己內在的聲音，是理性感性兼具的理想模式。這樣的模式適合做重大決定，特別是面對生涯抉擇，這是最合乎築夢踏實的方式。缺點是比較費時費力，不像跟著感覺走或者有人幫忙做決定那麼輕鬆，因此更需要父母師長的全力支持。

為什麼要學習生涯探索？

也許你覺得，只要一路按照父母師長的規畫去做就好了，何必還要做生涯探索呢？生涯探索的意義究竟在哪裡呢？

事實上，從很多研究的實例驗證，一個人如果能夠「知己、知彼」，清楚自己的興趣和能力，並且設定好未來發展的目標，比較能夠心無旁鶩、不畏艱難，堅定的朝目標前進。若是少了其中一項，對於未來的路該怎麼走，容易出現盲點。

你平時會如何做決定呢？從 CHECK 單元的測驗裡，你會發現，雖然下決定的方式，受到個性的影響，但也會受到外在資訊的左右。

讓我們透過下面的四個象限圖來看看，不同類型的人在選擇人生未來時，會面臨那些狀況：

第一區「理智型」：代表你知己而且知彼；未來不論選擇科系或職業，都比較容易做出適合自己的決定。

第二區「直覺型」：代表你知己，但是不知彼；雖然知道自己的興趣、天賦，但是不知道科系在念什麼，或是職業的實際內容是什麼，就輕易選擇，很可能會做出錯誤的選擇。

比方說，你喜歡小動物，就決定要念獸醫，卻不知道當獸醫必須面對很多生病、受傷的小動物，結果讓你感到十分痛苦。

第三區「依賴型」：代表你知彼，但是不知己；也就是說，你對於想要就讀的科系、想要從事的職業有相當程度的了解，卻不知道自己有無相關天分，因此也可能選擇其實不適合自己的科系或職業。

例如，看到林書豪當上籃球明星，你很嚮往，也想走相同的路，卻沒有考慮到自己的身高和專業球星的門檻有段距離，你的籃球之路就可能非常艱辛。

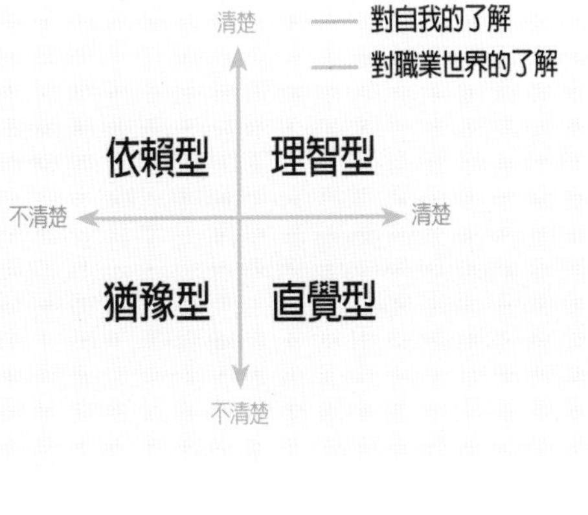

第四區「猶豫型」，代表你既不知己，也不知彼；在這種茫然無知的狀況下，很難做出最適合自己的決定。

學習生涯探索，就是幫助我們做出適合自己的決策，你將能：

- ☑ **更了解自己。**
- ☑ **人生更有目標。**
- ☑ **對於學習會有更高的熱情。**
- ☑ **在進行生涯抉擇時，會更有方向。**
- ☑ **懂得如何找到夢想，以及圓夢的動力。**

當你充分認識自己、了解自己，可以「選擇你所愛，愛你所選」時，因為是個人所愛，所以能夠完全投入、充滿熱情與活力；也因為你有夢想、有目標，願意堅持到底，最後也會創造比其他人更大的成就。

本章重點

- 生涯探索，就是探索自我，並且了解升學、職業的相關資訊，簡單來說，就是知己、知彼。
- 盡早開始生涯探索，未來進行職業與生涯的抉擇時，就會有比較清楚的方向。
- 當你選擇了適合自己的生涯之路，往往就能夠完全投入、充滿熱情與活力。因為有夢想、有目標，所以願意堅持到底，最後也會創造出比其他人更大的成就。

使用本書的方法：

本書特別列出中學生面對生涯規畫時，最容易遇到的八大痛點，提供簡單、可行的解決方案。每個痛點的解說都包含了：

每一則痛點會先以漫畫故事開場，讓漫畫人物先帶領你找出生涯探索的問題點。

漫畫故事之後，先想一想這樣的問題，你了解嗎？會怎麼做？

進一步解說主要的概念，例如興趣是什麼？幫助你更加了解。

透過測試，了解自己的特質，以及如何應用到生涯探索上。

使用本書時，你可以按照順序，從第一單元進行到第八單元；如果你很清楚自己的問題點，也可以直接從你覺得有幫助的問題點，開始研讀。

學習問題點的解決方案，提供的生涯探索的好方案和工具，讓你運用在實際的生活中。

條列出章節重點，你可以重溫概念，也能更加清楚要改善的重點。

每個單元都提供了延展練習，讓你更深入的思索生涯探索的真諦。

最後一個單元是情境習作，透過先前八個單元的各種測驗，綜合歸納出你的生涯路徑，為你的生涯探索來個小體驗。

每個單元都提供了一則名人故事，並標示出這些人物追尋過程的路徑，看他們如何探索自己的生涯，找到屬於自己的天空。

漫畫人物介紹

接下來的每一個單元，都會由這幾位可愛的漫畫人物帶領你找出生涯探索的問題點。他們每個人都有一些面對人生選擇的困惑，找找看誰的問題點跟你最相近，跟著他們一起解決這些惱人的小麻煩吧！

品嘉

學校的風雲人物，是許多女生愛慕的對象，有主見、自我要求高，夢想要成為記者，也是校刊社社長。

莉雅

文筆佳，熱愛寫作，內向害羞且沒有什麼自信的女生。

國文老師，對學生很了解，個性親切熱心，給學生許多指引，是同學們最喜歡的老師。

鬼靈精，對什麼都很有興趣，但是往往只能維持三分鐘熱度，電動、網路是他的最愛。

加入校刊社只是因為愛慕品嘉，不太了解自己的興趣與專長，但在校刊社發掘了自己的繪畫天分。

痛點 1

我不知道自己的興趣是什麼？

興趣，很重要嗎？
人為什麼要有興趣呢？

新學期
各位同學！本學期校刊社將安排一些觀念與實務的採訪，
老師想了解各位同學的興趣以及想要擔任的職務。
校刊社
同學們可以踴躍表達喔！
大家好，我是高品嘉。
我的興趣是閱讀書報、關注社會大事。
我想在校刊社擔任記者，報導有趣而有意義的事情。

莉雅
我……
我的興趣是看小説和寫小説，
我很喜歡寫作，我也想在校刊社擔任記者，把有趣的事情寫出來。
宥寧
我的興趣很多耶！
只要是有趣的事情我都想嘗試一下，我看到校刊社要做電子報、要做臉書粉絲團，還可以請公假去採訪，我覺得很好玩，我也想要當記者！

妙妙
我好像沒有什麼特別的興趣耶，但我也想要當記者。
哈哈哈哈
我看你是因為高品嘉才加入的吧？
說中
明明就是！
才沒有！
好了好了

聽完了大家的分享，大家果然都很喜歡閱讀和寫作啊！
還沒找到真正興趣的同學。
不管你是興趣太多，還是興趣缺缺，
老師希望在這一個學期的活動中，大家都能找到自己真正喜歡的事情喔！

你的興趣是什麼？

有些人很清楚自己的興趣是什麼，像品嘉和莉雅；也有人還在摸索興趣，什麼都想試一試，像宥寧；至於妙妙，則是仍然懵懵懂懂，不知道自己的興趣是什麼。

你是屬於他們其中的哪一個呢？

你會在需要介紹興趣的場合，總是說不出來自己的興趣是什麼嗎？還是覺得學校裡各式各樣的社團活動看得人眼花撩亂，好像都很有趣，卻不知道該參加哪一個？

說不出來、無從選擇，通常是因為還不清楚自己的興趣是什麼。

興趣，很重要嗎？人為什麼要有興趣呢？

什麼是興趣？

簡單來說，興趣就是做自己喜歡的事。

當一個人從事自己喜愛的事物時，就會感覺特別開心、滿足，有著源源不絕的動力，願意全心全意的投入；也因為是自己感到興趣的事物，即使遭遇到困難、挫折或是壓力，也比較能夠耐著性子克服難關，並堅持下去。

關於興趣，你可能有以下幾個疑問——

Q：**興趣是天生的嗎？**

A：不一定。有些人的確會天生對某些事物感興趣，但是，在許多情況下，很多你原本沒興趣的事，經過一段時間的接觸、認識後，也可能開始產生良好的感覺，因此願意再花更多的時間和精力去投入、學習。所以，興趣也可以透過後天養成。

Q：有沒有興趣，對我的生涯很重要嗎？

A：是的。興趣可以分為兩種，一種跟工作息息相關，稱為「職業興趣」，另一種跟工作沒有直接關係，則稱「休閒興趣」。這兩類興趣都對我們的生涯發展有所影響。

當我們在發展個人的生涯時，職業興趣是我們提升專業知識的基礎。舉例來說，如果你對觀察星星感到興趣，你就會開始鑽研天文學的相關知識，說不定日後就走上天文學者這條路；另一方面，職業興趣也可能成為我們發展專業技能的基礎，舉例來說，你喜歡音樂，因此養成了演奏樂器的能力，就會有機會成為音樂家。

至於休閒興趣，雖然跟職業沒有直接的關係，卻可以提升內涵、豐富精神生活，因此也是生涯規畫的重要一環。

Q：興趣能夠當飯吃嗎？

A：是的。你的確可以靠興趣吃飯，不過，前提是在興趣之外，你也必須具備足夠的專業知識或專業技能。比方說，你喜歡畫畫，但是畫出來的作品就是差強人意，那麼，你就很難以畫畫作為謀生的職業。

職業興趣的六大類型：

美國心理學者霍爾蘭（John L. Holland）認為一個人在選擇職業時，會受到興趣、人格及環境的影響。他認為大多數人的職業興趣、人格特質，甚至連外在的職業環境，都可以大致區分為「實用型興趣」、「研究型興趣」、「藝術型興趣」、「社會型興趣」、「企業型興趣」、「事務型興趣」這六大類型。（見37頁）

以此六大類型為基礎，深入探索、學習，有助於發展專業知識與專業技能。

霍爾蘭六大職業類型

R 實用型興趣（Realistic）

★你喜歡在講究實際、需要動手的環境中，從事明確固定的工作，依照既定規則完成具有實際用途的物品。

★對於機械與工作等事務比較有興趣，生活上也以實用為主，比較喜歡獨立做事。

★你可能適合的職業類型：機械、電子、土木建築、農業等。

I 研究型興趣（Investigative）

★你喜歡解決問題，並追根究柢，不喜歡別人給予指引、規矩與時間壓力。

★你樂於提出新的想法和策略，不在乎別人的想法，喜歡跟有相同興趣的人討論。

★你可能適合的職業類型：生物、化學、醫療、數學、天文學等。

A 藝術型興趣（Artistic）

★你喜歡獨立作業，但是不喜歡被忽略，最好能在無拘無束的環境下工作。

★你不喜歡管人或被管，人際關係比較隨興。

★你可能適合的職業類型：音樂、寫作、戲劇、繪畫、舞蹈與設計。

S 社會型興趣（Social）

★你喜歡傾聽和了解他人，願意付出時間與精力解決別人困擾。

★你不喜歡競爭，喜歡大家一起為團體盡力，關心人勝於關心工作。

★你可能適合的職業類型：教師、輔導、社會工作、醫療、宗教方面相關工作。

E 企業型興趣（Enterprising）

★你的說服力和組職力極強，渴望自己的表現被他人肯定，並成為團體的中心人物。

★你不以現狀為滿足，也會要求別人跟自己一樣努力。

★你可能適合的職業類型：管理、銷售、司法、從政等。

C 事務型興趣（Conventional）

★喜歡在有清楚規範的環境下工作，做事按部就班，給人感覺是有效率、精確、仔細、可靠而有信用。

★你不喜歡改變、創新，也不喜歡冒險、領導。

★你可能適合的職業類型：銀行、金融、祕書、操作事務機器等。

CHECK

職業興趣小檢測

請用你的直覺，在符合你的描述的項目上打勾。

我喜歡的項目

- ☐ 1. 我喜歡作壁報、布置教室
- ☐ 2. 我喜歡修理東西、組裝電腦
- ☐ 3. 我喜歡學習與演奏樂器
- ☐ 4. 我喜歡研究不同民族的風俗
- ☐ 5. 我喜歡抄寫筆記、整理筆記
- ☐ 6. 我喜歡關心社會趨勢或政治新聞
- ☐ 7. 我喜歡組合模型
- ☐ 8. 我喜歡分組作業時擔任組長
- ☐ 9. 我喜歡看科幻推理小說
- ☐ 10. 我喜歡擔任總務、管理班費
- ☐ 11. 我喜歡看小說、寫文章
- ☐ 12. 我喜歡照顧寵物
- ☐ 13. 我喜歡幫忙解決問題或困難
- ☐ 14. 我喜歡設計網頁或研究電腦程式
- ☐ 15. 我喜歡競選社團幹部或學生代表
- ☐ 16. 我喜歡做運動
- ☐ 17. 我喜歡每天記帳、管理自己的花費
- ☐ 18. 我喜歡當義工、幫助別人
- ☐ 19. 我喜歡參加樂團、合唱團
- ☐ 20. 我喜歡做點心、蛋糕、調飲料
- ☐ 21. 我喜歡做實驗、參加科展
- ☐ 22. 我喜歡當小老師教導別人
- ☐ 23. 我喜歡整理教室的圖書跟物品
- ☐ 24. 我喜歡在園遊會賣東西、推銷
- ☐ 25. 我喜歡研究一些小工具怎麼使用
- ☐ 26. 我喜歡聽音樂會、看電影
- ☐ 27. 我喜歡參加社團活動或營隊
- ☐ 28. 我喜歡擔任報告資料整理與打字
- ☐ 29. 我喜歡戶外觀察、參加科學性營隊
- ☐ 30. 我喜歡設計衣服、房間擺設
- ☐ 31. 我喜歡研究或了解別人的心事或想法
- ☐ 32. 我喜歡整理文具、書桌或房間
- ☐ 33. 我喜歡主持會議或同樂會
- ☐ 34. 我喜歡看一些科學雜誌或百科叢書
- ☐ 35. 我喜歡擔任分配工作或監督進度的工作
- ☐ 36. 我喜歡上台演講或報告

（楊俐容提供）

38頁的測驗就是根據霍爾蘭的理論所設計，你可以根據所勾選的項目，對照下方的解析，找出自己的職業興類型。

把自己的測驗結果記錄下來，仔細閱讀37頁的各種類型說明，你就會更了解自己的職業興趣和人格特質。未來你也可以運用這些興趣的排序和組合，找到適合自己的科系、工作和生涯。

依據以下題號分組，計算你一共勾選了幾個，將數量分別填入底下的欄位中

	A	R	I	E	S	C
題號	1. 3. 11. 19. 26. 30	2. 7. 12. 16. 20. 25	4. 9. 14. 21. 29. 34	8. 15. 24. 33. 35.36	6. 13. 18. 22. 27. 31	5. 10. 17. 23. 28. 32
數量						

解析

- 如果你的 A 數量最多，你的職業興趣偏向「藝術型」
- 如果你的 R 數量最多，你的職業興趣偏向「實用型」
- 如果你的 I 數量最多，你的職業興趣偏向「研究型」
- 如果你的 E 數量最多，你的職業興趣偏向「企業型」
- 如果你的 S 數量最多，你的職業興趣偏向「社會型」
- 如果你的 C 數量最多，你的職業興趣偏向「事務型」

三大方案，幫你發展興趣

根據以上的測驗，你可能已經很清楚自己的興趣，或者測驗的結果顯示每項分數都差不多，表示你對於自己的興趣還不是那麼確定；不必心急，你可以根據以下方案，發掘或是發展自己的興趣。

1 探索興趣：

多方面嘗試，就是探索個人興趣的不二法門，從以下的項目中去尋找吸引自己的事情：

◆ **學業科目**：通常自己感興趣的科目，學業成績也會特別好，因此，你特別拿手的科目，可能就會是你的興趣所在。

- **社團活動**：升上國中之後，學校裡會安排很多社團活動，你可以嘗試不同的社團，看看哪種類型最吸引你？
- **才藝課程**：你可以想一想，參加什麼才藝課程，你的學習樂趣最多？
- **日常活動**：日常生活中，不論是做家事、修理東西，或是各種休閒活動，哪些事情讓你最感興趣？
- **公益活動**：透過做志工等公益活動，可以感受一下自己是否喜歡與別人相處，或是幫助他人？
- **書籍**、**電影**、**藝術作品**：哪些主題最吸引你？你最想成為哪個故事中的主角？從個人的閱讀、觀影偏好中，也能發現自己的興趣。

2 規畫興趣：

當你發現吸引自己的事物，隨著接觸的機會越多，就越可能發展為興趣。你可以參考以下方式，規畫自己的興趣發展：

◆每個星期花超過一個小時在這件事上。

◆到圖書館，尋找跟這件事相關的書籍、雜誌。

◆上網查詢這件事的相關資料，包括有哪些專家或名人從事於相關領域。

◆調查身邊的師長或親友，看看誰對這件事有所涉獵，向他們請教。

3 **耕耘興趣**：

如果你不希望興趣只有三分鐘的熱度，就必須長期耕耘，透過不斷的了解、學習、投入，興趣才會開花結果。你可以這麼做：

◆**訂定短中長期目標**：運用考試、檢定、競賽、表演作為目標，投入你想要發展的興趣。

◆**根據目標，完成計畫表**：制定計畫表後，要求自己按部就班去完成。

◆**養成習慣**：固定安排時間練習、熱情投入，養成習慣，漸漸發展成長久的興趣。

傑米．奧利佛：把下廚變成人生的志業

他是英國廚師與烹飪專家，擅長使用有機食材，以幫助改變英國學校的飲食習慣與發起一連串飲食運動，成為家喻戶曉的人物。

一九九八年，英國的電視銀幕上，出現了一個新型態的烹飪節目「原味主廚」。

主持人是傑米．奧利佛，當時他才當時才二十三歲，臉上仍有著大男孩的稚氣。他以非常輕鬆、生活化的方式，示範一道又一道美味的料理，節目推出後大受歡迎，讓這位年輕的「原味主廚」，立刻成為烹飪界的新星。

奧利佛雖然年紀不大，卻已經有相當豐富的廚房經驗。

因為爸媽經營酒吧餐廳，所以奧利佛從小就在廚房中看著廚師做菜、準備食物。等他年紀稍微大一點，差不多八、九歲時，廚師就讓他幫忙削馬鈴薯皮、剝豆莢等簡單工作，才十一歲，他就練出不錯的刀工，把蔬菜切成塊、片、條絲、丁、末、泥都難不倒他。

對於一般人來說，廚房熱氣騰騰、油煙味又重，卻是奧利佛眼中的樂園，他非常喜歡在廚房中，跟老爸或其他的廚師叔叔們一起工作，感覺很有歸屬感。而且，家裡開餐廳，讓他有機會接觸到各種食材，爸媽也完全放手讓他在廚房親手操作、探索，這段在廚房成長的經驗，為奧利佛的主廚生涯，奠定了很好的基礎。

就像很多的英倫少年一樣，奧利佛年輕時也曾經迷過搖滾樂，在樂團中當鼓手，還出過一張單曲，表現還不錯。不過，在內心深處，奧利佛發現，下廚還是自己的最愛，當他在廚房做菜時，感覺最自在，也最有自信。

因此，十六歲那一年，奧利佛進入了倫敦西敏寺餐飲學院就讀，經過了三年的專業訓練，廚藝更是突飛猛進，畢業後，他就進入知名的餐廳工作。「原味主廚」的走紅，讓奧利佛嘗到了名利的滋味，但是他並沒有因此而迷失，反而冷靜地思考：「我可以利用錢和聲望做些什麼有意義的事？」他回想，在成長路上，曾經接受過太多人的幫助，而回饋他們最好的方式，就是去幫助其他需要幫助的人。因此，他在倫敦開設了一家「15餐廳」，訓練十五位來自底層社會的年輕人，有計畫的扶植他們從獨當一面的廚師，成為成功的餐廳經營者。後來，類似的慈善餐廳計畫，也在全球陸續展開。

奧利佛做的另一件有意義的事，就是關心孩子們的營養午餐。年輕就當上爸爸的他，發現學校的營養午餐，充滿許多不營養的食物，而年幼的孩子對食物的來源一無所知，甚至分不清楚馬鈴薯和番茄。奧利佛製作了一系列改革飲食的電視節目，希望能夠提升民眾的飲食意識，讓下一代吃得更好。

奧利佛從小就找到了自己的興趣所在，並聽從了自己內在的聲音，選擇了一份做適合自己的工作，不但做得有聲有色，甚至產生了龐大的影響力。對奧利佛來說，下廚，不但是他的興趣，也是他的事業，甚至還是他可以影響這個世界的人生志業。（文／謝其濬）

奧利佛的探索

從小喜歡做菜

維持做菜的興趣

迷搖滾樂

組樂團，出單曲
組樂團，出單曲

發現做菜是最愛

讀餐飲

開餐廳

飲食相關的公益

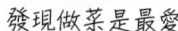

興趣，就是做自己喜歡的事。

透過後天的培養，也可以發展興趣。

職業興趣是發展專業知識、專業技能的基礎，可分為六大類型。

發展興趣的三大提案：摸索、規畫、耕耘。

延展練習

1

隨身攜帶一本筆記簿，將空白處分為「喜歡」、「不喜歡」兩個欄目。將每天生活中做起來很開心、表現也很好的事，填在「喜歡」這一欄；將做起來很痛苦、總是拖延完成的事，填在「不喜歡」。一個月後，檢視記錄，並分析自己到底喜歡做什麼事。

2

仔細閱讀職業興趣的六大類型，想一想，你最想跟哪一種類型的人做朋友？為什麼？

3

在學校輔導老師的指導下，參加線上興趣測驗。

痛點 2

我不知道自己的天分在哪裡？

不了解自己的性向，
可就不知道自己
擁有什麼天賦了呢！

今天老師帶我們去老街採訪。
茶藝館
品嘉好厲害……
錄音筆
你們要不要試試看？
不敢～
咦……

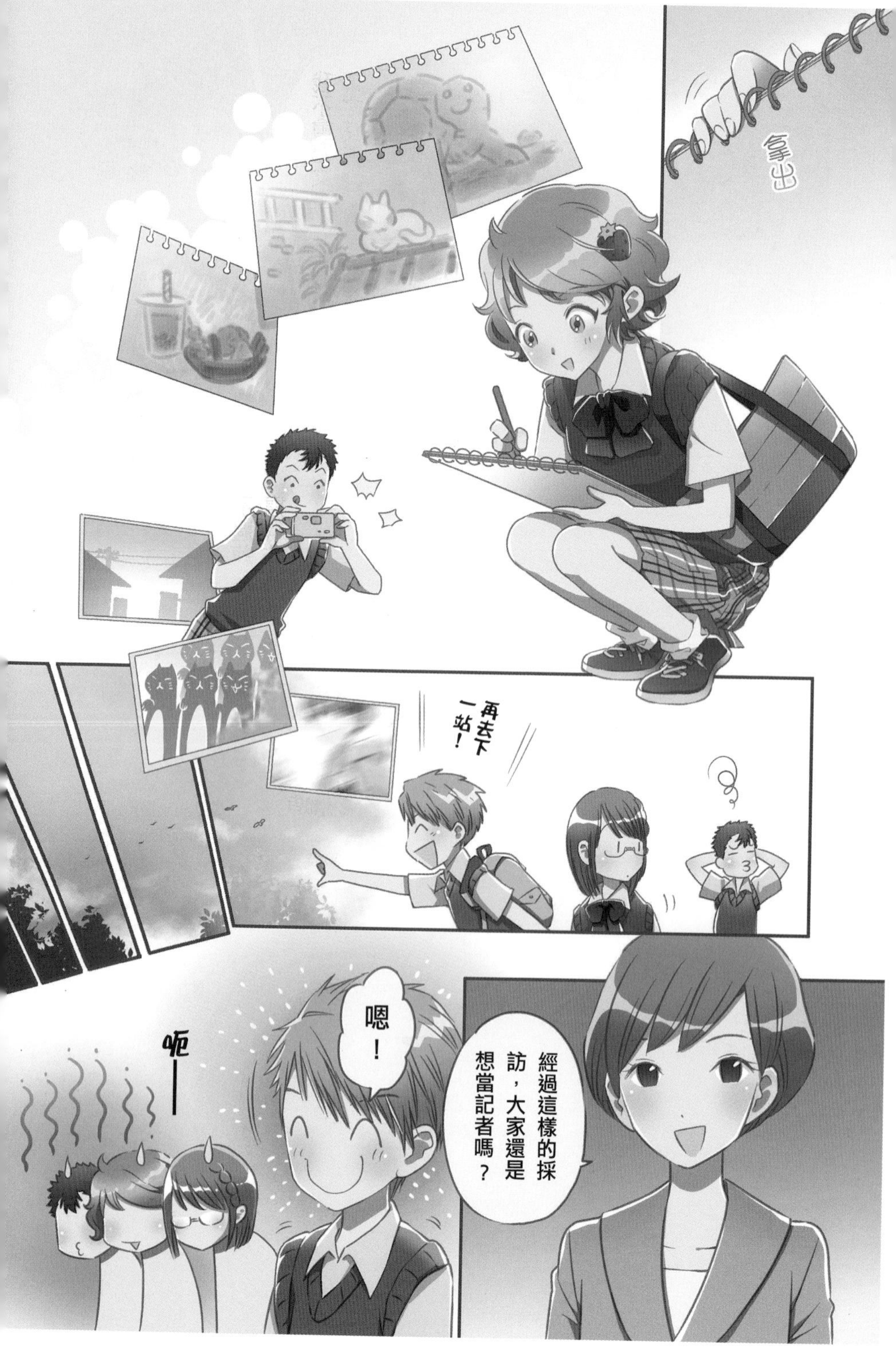
拿出
再去下一站！
嗯！
經過這樣的採訪，大家還是想當記者嗎？
呃——

我喜歡寫作，但很怕採訪……
我不會寫文章，口才又不好，
我想我大概不能當記者吧……
當記者有點無聊呢……
不過莉雅的採訪報告寫得非常好喔！
老街採訪報告
莉雅
妙妙畫的圖，可以拿來放在電子報上。

宥寧拍的照片，
前面拍得很詳盡，後面卻很混亂……
不過宥寧很會做電子報，一下子就上手了。
大家都有擅長與不擅長的事物，如果想要更了解，可以請輔導老師幫你們做性向測驗與分析，
知道自己的潛力，朝那個方向去發展，
相信大家都能做得很有成就感又快樂！

你知道自己的天分嗎？

你對未來有什麼想像呢？想當律師，因為覺得可以主持正義、在法庭很威風？或是想當服裝設計師，可以設計出很多美麗的衣服？又或是覺得自己當老闆，開家花店或咖啡店也不錯？

我們都會對某種工作或身分充滿憧憬，甚至當作未來的志願，但是你真的適合從事那項工作嗎？像故事裡的品嘉、莉雅、妙妙及宥寧，都想當記者，但是莉雅那麼害羞，妙妙對自己的文筆和口才沒信心，宥寧樣樣有興趣、卻都只有三分鐘熱度。他們真的很適合當記者嗎？

一個人適合不適合做某件事，「天分」是一個很重要的因素，想要了解自己對一件事有無天分，就是要去發現自己的「性向」。

什麼是性向？

性向，代表的是一個人可能發展的潛在能力，這種潛能只要經過學習或訓練，就可以發揮出來，也就是我們所說的天分。

舉例來說，如果你對色彩的敏銳度非常強，把幾種顏色擺在一起，就能立刻感受到色彩之間是否和諧，這就代表你具備美感方面的潛能。

相對的，如果你對於數字特別有感覺，而且數字運算的能力特別快，別人需要十分鐘才能解答的數學題，你只需要花五、六分鐘，代表你有數字方面的天分。該怎麼了解自己的性向？你可以觀察自己的學科表現，哪一科的成績特別好？什麼事做起來最拿手？學什麼東西最快？除了自我觀察，你也可以請教師長或家人的意見。最科學的方式，就是進行「性向測驗」。

CHECK

職業性向小檢測

性向測驗涵蓋了以下幾種測驗：語文推理、數學推理、機械推理、空間關係、抽象推理、知覺與觀察、美感等幾個項目，專業的性向測驗包含的項目與題目更廣泛深入，在這裡先就以上的幾個範圍，各提供兩個題型，讓你先了解性向測驗的概念，也可以簡單的測驗一下。（楊俐容提供）

語文推理

1. 請從下面 4 個詞中各找出一個字來組成一個成語：

宋教、義氣、開心、明白

2. 「興高采烈」之於「垂頭喪氣」，相當於「讚美」之於：

A、指導　B、欣賞　C、排擠　D、責罵

數學推理

1. 有一列數串依序為：

41、33、26、20、15、11、______

…… 請問，接下來的數字應該是多少呢？

2. 請在方塊中填入？所缺的數字

8	3	6	4	3

12	?	12	6

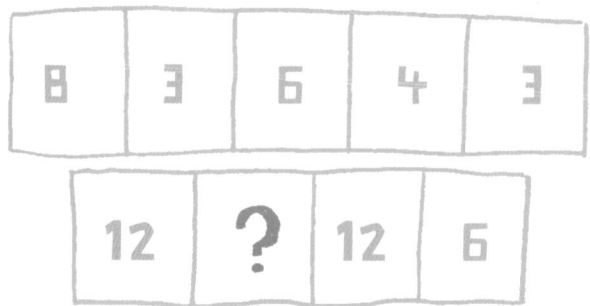

機械推理

槓桿原理

用可以自由移動的蝶形螺母把五片木頭的端點接在一起，而形成底下這個槓桿系統。

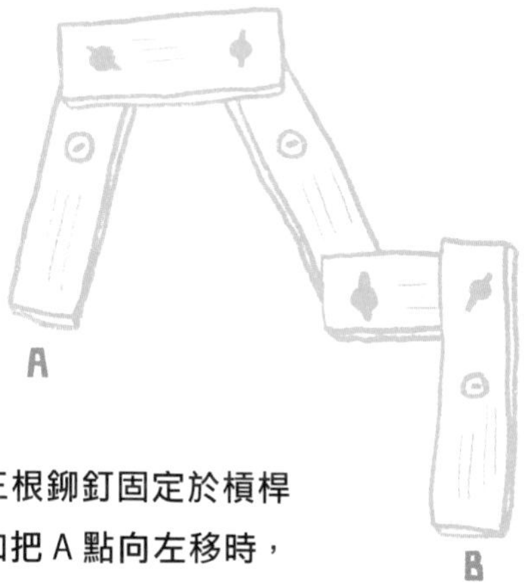

另外用三根鉚釘固定於槓桿上。假如把 A 點向左移時，B 點會向左移還是右移？

⊙ 鉚釘固定點

蝶形螺母可自己移動的點

空間關係

1. 下圖中總共有幾個積木呢？

2. 底下有三組正方形方塊，每個方塊的圖案都一樣。在哪一組中，你能經由旋轉左邊的方塊而使它和右邊方塊一模一樣？

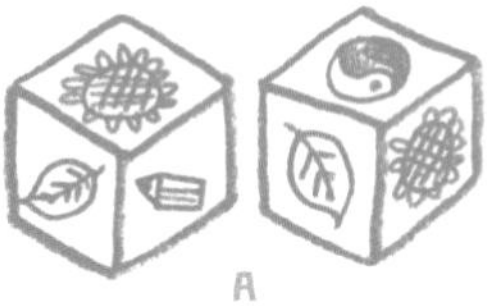

A

B

C

抽象推理

1. 烏龜一會兒伸出頭，一會兒又縮入頭的在游泳。

請問？處的烏龜，應該是用什麼方式游泳呢？

2. 由上而下，圖形以很有規則的方式變化，請問

第四個圖應該是哪一個呢？

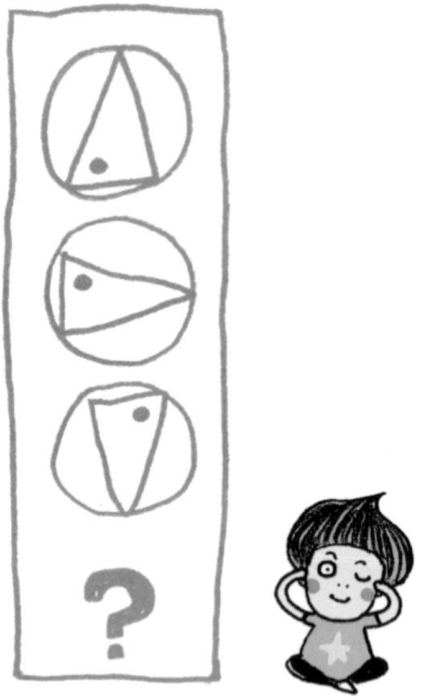

知覺與觀察

1. 電話鍵盤上，數字 0 左邊的符號是什麼？

2. 100 元鈔票上亮亮的防偽辨識線是在鈔票的右邊還是左邊？

美感創意

1. 下方兩行各排了三張圖，請問每一行當中哪張圖比較有設計感？

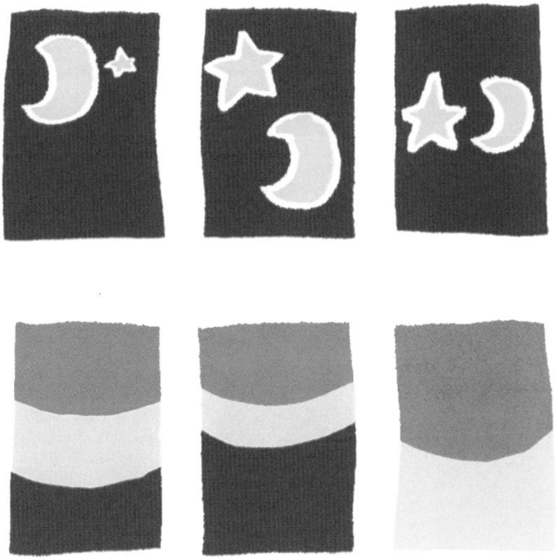

A

語文推理

1. 開宗明義　　2. D、責罵

數學推理

1. 數串 (8)　2. 方塊中所缺的數字為 (9)

機械推理

向右

空間關係

1. 總共有幾個積木？(19)　　2. (C)

抽象推理

1、烏龜用什麼方式游泳？(4)

2、第四個圖應該是 (2)

知覺與觀察

用性向測驗了解自己

「性向測驗」可測量個人學習知識與技能的潛在能力，除了幫助自己了解學習新事物的能力，也有助於掌握未來發展的方向。

在CHECK單元的測驗中，提供了語文推理、數學推理、機械推理、空間關係、抽象推理、知覺與觀察、美感等七個性向的簡單檢測。你可以從以下的分析表中，了解檢測的目的。

如果你想透過正式的性向測驗來了解自己，又不知道測驗工具哪裡找，最好的方式是跟學校的輔導室聯繫，輔導老師一定會願意提供你相關的工具，並且協助你進行自我探索。

項目	能力
語文推理	主要是測驗你對於語文的理解、推理與應用的能力。不管學習哪個科目、將來從事什麼工作，都需要具備這項能力，需要高度運用語言和語文創作的職業，對此能力要求更高。
數學推理	主要是測驗你的算術計算、對數目關係的理解、處理數目概念的能力。此項測驗得分高的人，比較適合從事理工相關的工作，技術、工程、會計、統計等以需要此項能力。
機械推理	主要是了解你對於一般機械之裝置、原理和一般物理原則的理解能力。一般來說，工程師、木工、機械工、維修等技術性的專業，都需要這種能力。
空間關係	主要是測驗你將平面的物體轉換成三度空間實體的思考力，也可以說是對空間的掌握能力。許多工作都需要這種能力，特別是繪畫、建築、裝潢、雕刻、服裝設計，甚至下棋等。

項目	能力
抽象推理	主要是測驗你的非語文推理能力，也就是從非文字的圖案中歸納出原則，並應用這個原則加以推理的能力。通常需要空間關係能力的課程、專門職業與一般工作也需要此項能力。
知覺與觀察	主要是測驗你對於覺察和辨認一個物體或一件事情，在圖像或外形的微小差異，並且能夠很快擷取與辨認資訊的能力。這種能力對於文書處理或品質控管的工作特別重要。
美感	主要是測驗你在視覺感知方面的表達能力與創造能力。土木建築、家政、設計、食品、餐飲等工作，對於此項能力的要求相對也比較高。

我該如何看待性向測驗的結果？

做完性向測驗，你會得到一份報表式的結果，讓你了解自己潛能的分布狀況。看到結果，若是如你預期，你可能會很開心，若是跟你想像得不一樣，你可能也會感到有點失落。

我們應該怎麼看待性向測驗的結果呢？

1 不要因為測驗結果失去信心

性向測驗並不是「算命」，不代表你以後就一定會怎麼發展。一個人的未來，除了天分，後天的努力其實也非常重要，測驗結果只是提供你了解自己的一個參考。

2 不要把測驗結果和學業畫上等號

學業成績好不好，往往跟你是否認真學習、懂不懂得準備考試有關。所以，如果你在某方面有天分，並不代表你在相關科目的成績一定會有突出的表現。

在進行生涯抉擇時，性向測驗並不是唯一的指標，除了自己的天分，也要考慮學業成績、個人興趣、價值觀，以及父母的期待等因素，才會走上一條你很適合、自己也很認同的生涯之路。

3 測驗結果有疑惑時，必須主動積極的探索

測驗時，如果現場太吵，或是太熱、太冷，或是身體不適、體力不濟，都會影響測驗結果。如果你認為測驗結果跟自己的預期落差太大，或是感到疑惑，都可以找輔導老師談一談，請老師為你做更深入的解說。

許芳宜：發現潛能，勇敢行動

大學時期舞蹈老師的一句話，讓許芳宜第一次感覺自己被期待，下定決心做個職業舞者。一九九九年，她成為瑪莎・葛蘭姆舞團首席舞者，並被媒體譽為「美國現代舞之母瑪莎・葛蘭姆的傳人」。

我出生在一個平凡的家庭，因為功課不好，是家中父母最沒有期待的小孩。我不懂為什麼，我每天花很長的時間坐在書桌前面，打開書本，但後來卻總是發現：是書在看我，不是我在看它。所以我從小不敢有夢想，覺得自己不可以有夢想。

一直到小學四年級，我接觸了舞蹈，發現自己很喜歡站在台上的感覺。舞蹈是我逃避現實最好的方式，因為我不想在台下當一個真實生活中的許芳宜，想站在台上扮演各種不同的角色。我可以很努力的跳「放羊的孩子」，跑啊跑啊，我很享受那個時刻，可以當放羊的孩子，不需要當許芳宜。

一直到我進了藝術學院，遇到羅斯・帕克斯（Ross Parkes）老師，他是改變我生命，很重要的一位老師。這位老師在我上他第一堂課時說：「這個學生很有潛力。」我間接聽到這句話，非常感動。從來沒人對我有期待，這句話對我來說，是很大的鼓勵。從那天起，我告訴自己：不讓老師失望，我也要有夢想——成為一個職業舞者！

五年後，我到了紐約，因為英文不好，大一時就被當掉。前三個月，雖然我沒辦法跟任何人溝通，但跳舞是肢體語言，進了教室，只要老師示範，我都會做。我發現，當某種能力失去時，另一種能力會強化。這種時候，你會非常專注的學習，透過視覺、透過聽覺，雖然聽不懂，但你知道那是什麼。

在紐約，有賣貝果、咖啡的早餐車，因為我沒辦法用語言溝通，每天到早餐車前都是用手指著想買的東西：「this、this……」但我買完要離開的時候，那人都會對我說：「Have a nice day！」我很開心，終於有人跟我說話了，好像跟世界有了交流。那一天，我告訴自己，下次一定要開口告訴對方「我要買什麼」。我最喜歡吃的貝果叫「cinnamon-raisin」，於是回到家就猛背。隔天一早，遠遠看到早餐車，我不停默背，心臟像是快要跳出來了。

好不容易走到早餐車前，我深呼吸，然後，用手一指……我沒有開口！為什麼沒辦法開口？我很沮喪，可是沒有放棄，回家繼續背。隔天，在距離早餐車還很遠的路上，我心跳加速，鼓起勇氣走向賣貝果的人，對他說：「cinnamon-raisin bagel with cream cheese and coffee, please.」講完，眼淚都要掉下來了，我知道那是我的自我完成，是我心中小小的成就、小小的勇敢。

從那天開始，我真的學習「不怕」。人怕什麼？怕犯錯、怕丟臉；但是，不犯錯怎麼學？丟了臉，一輩子都會記住。當你不學、不願意面對的時候，那才叫丟臉。從此我再也不怕失敗。之後我到瑪莎葛蘭姆舞團，從一個非常小的實習團員開始，慢慢當上主角。

關於夢想，多數人是在「想」夢，很少有人真的付出行動。十九歲的那一年，我知道人生的第一個夢想，是要當個職業舞者；我再花了十九年，確定自己真的要繼續跳舞。而且我不怕用別人看來愚蠢的方式，去完成自己的夢想。

摘錄自《親子天下》第四十二期

許芳宜的探索

從小功課不好

發現舞台上很快樂的自己

念藝術學院被老師發現潛力

肯定自我的潛力，
以職業舞者為夢想

透過各種學習與演出

成為知名舞者，實現夢想，
確定自己要繼續跳舞。

- 天分，代表一個人可能發展的潛在能力，這種潛能只要經過學習或訓練，就可以發揮出來。
- 性向測驗可測量個人學習知識與技能的潛在能力，有助於掌握未來發展方向。
- 了解天分最科學的方式，就是進行性向測驗。
- 性向測驗並不是「算命」，測驗的結果只是提供你一個了解自己的參考。

延展練習

1

寫下你想從事的職業，想想看這種工作需要什麼樣的天分？為什麼？

2

想一想除了個人的天分外，還有什麼事會影響你做生涯的抉擇。

3

你做過性向測驗嗎？測驗的結果跟你的興趣速配度有多高？

痛點 3

我不知道如何培養專長？

喜歡的事情，要深入體會培養才會成為專長喔！

電子報做完了，宥寧是大功臣！
粉絲頁開好了！
校刊社粉絲團
妙妙的圖也掃描好放上去了！
指導莉雅解決電腦問題！
現在你們知道，我不是只會打電動了吧？

做得好，宥寧！
你喜歡操作電腦，而且很快可以抓到電腦的邏輯與訣竅，
你可以把這個部分培養成自己的專長。
專長喔……可是老師，電腦還是有很多困難的，我只是喜歡而已……
而且，你經常只能維持三分鐘熱度……
你說什麼?!
不過宥寧，每個領域都有很深的學問，
重點在於你是否喜歡而且願意去做。
現在有很多的課程，你也可以去做進一步的學習啊！

老師，可是像我喜歡畫畫，也很努力在畫，
可是覺得自己都畫得不好耶！我真的適合畫插畫嗎？
專長是需要培養的，妙妙的問題跟宥寧是一樣的。
插畫
大師養成
OO著

哇——
插畫全集
妙妙，
你在美術方面有天分，這裡的書你有空多看。
培養專長有很多方法，上課或者多接觸相關領域，都是很好的學習管道。
品嘉就是一個很好的示範，他每天讀報，找出自己覺得最棒的報導，
學習對方的長處，這是一個很好的方法喔！
耶！太好了，那我想做動畫，就可以每天打電動了！
其實根本是自己很想玩吧！
哈哈哈

你知道自己的專長是什麼嗎？

經過實際的演練後，宥寧展現了他在電腦方面的天分，不但能夠製作電子報、開發粉絲頁，還能指導莉雅解決電腦問題，至於妙妙則因為插畫獲得老師的肯定。對於他們來說，未來與其去當記者，宥寧可能更適合當電腦工程師，而插畫工作更適合妙妙。

不過，不論是宥寧和妙妙，都還需要將他們的興趣、天分發展成專業能力，未來才有機會成為專業的電腦工程師、插畫家。

你有什麼很擅長的技能嗎？你知道自己的專長是什麼嗎？

什麼是專長?

專長是以興趣、天分為基礎，透過後天的學習而形成的能力。一個人的專長，可能是很擅長某方面的技能，或是在某個領域中，擁有比別人更多、更深入的專業知識。

舉例來說，如果你彈琴彈得很好，演奏樂器就是你的專長，如果你熱愛籃球，熟悉籃球史、比賽記錄，對於每位選手過往的表現瞭如指掌，對於籃球的專業知識，也可以看作一種專長。

如果說，興趣、天賦就像是一枚種子，專長就是從這枚種子開出來的花朵；從種子到花朵，靠的是澆水、日照、施肥，而要將興趣、天分，發展為專長，就要不斷的學習、練習，以及經驗的累積。

當我們要發展專長時，有以下三個重要的觀念：

◆ **培養專長無法一蹴即成**：專長需要一點一滴的累積，無法在短時間內速成。所以培養專長，越早開始越好，中學時期就是非常好的起始點。

◆ **專長最好能結合興趣和性向**：專長，就是我們所擅長的事，如果能夠結合興趣和性向，培養的過程中，一定會事半功倍。如果你要將一件自己比較沒有興趣，或是缺乏天賦的事，發展為專長，就得付出比他人更多的努力和心血。

◆ **專長是可以規畫的**：專長可能會在不知不覺中形成，像宥寧可能只是因為愛打電動，無意間就學會了很多跟電腦相關的事。不過，專長也可以透過計畫和實踐去養成；所以，只要是你有興趣的事，都可以透過規畫，發展成自己的專長。

為什麼需要發展專長？

在報章雜誌上，你可能看過「職能」這個字眼，簡單的說，職能就是從事一種職業所需要的能力。

舉例來說，如果要當廚師，料理食物就是最基本的職能；相對的，如果要當老師，職能就是教學的能力。不同的職業，就會有不同的職能，單一的職業中，需要的職能可能也不只一種。

像記者這種職業，除了要具備一定的文字能力，溝通能力也是必備的條件。如果你一看到陌生人，就緊張得說不出話來，可能必須先加強自己的溝通能力，才能成為一位稱職的記者。

不管我們未來想從事哪一種職業，你一定需要具備相關的職能，才能從事那份工作。培養專長，就是讓我們跟未來想做的事接軌，當你把能力培養好了，就會比別人更有機會去從事你感興趣、有熱忱的工作，而你也可以因此獲得比較高的成就，或是更多的工作樂趣。

透過以下這個測驗，將可以看到自己在針對專長學習時的強項與弱項。例如：專注力很強，但容忍挫折的能力很低，那麼，在培養專長時，就可以根據自己的狀況來規畫學習策略，加強學習能力。如果測驗後每一項的數據都很低的話，你可能要認真的想想自己是不是真的要培養這項專長？

CHECK

我的學習強項與弱項是什麼？

步驟一：請先在心中設定一個自己想要培養的專長目標。例如：彈鋼琴或學英文。

步驟二：根據這項專長，再依照你平日的學習狀況開始進行測驗，符合你的學習狀況者為 O，不符合者為 X。

	題目	O orX
1	我會主動搜尋並閱讀和這項專長有關的書籍、資料。	
2	參加和這項專長相關的比賽、考試，或交報告時，結果往往出乎意料，比我預期的要差一些。	
3	練習時，我會先想想該怎麼分配時間。	
4	我常在完成練習後，才發現時間已經過了很久。	
5	練習成果不如預期，我會認為是自己能力不足。	
6	我願意為這項專長投入時間和精力去練習，再辛苦也沒關係。	
7	我覺得要達成目標，訂定計畫沒什麼用，埋頭努力才是最重要的。	
8	當我正在練習時，如果好朋友來邀約，我通常會因為不好意思拒絕而中斷練習。	
9	練習時，如果有人在旁邊交談，我就會注意他們在說些什麼。	
10	表現不佳時，我通常會認為是自己努力不夠。	
11	從事這項專長的練習過程中，我感到非常快樂。	
12	當父母或師長告訴我某個方法行不通時，我一定會再三考慮，才決定最後的行動。	
13	我常後悔自己白白浪費許多時間。	
14	我在練習時，通常會一口氣把它完成。	
15	碰到高難度的挑戰，我通常會更專注、更有興趣。	

（楊俐容提供）

步驟三：根據你所選擇的項目，對照以下的計分標準，例如第一題你選的是 O，就得 1 分，如果選擇 X，就是 0 分，將每一題的得分圈起來，最後垂直加總，計算出每個大題的得分，填入下列表中。

A			B			C			D			E		
題號	O	X	題號	O	X	題號	O	X	題號	O	X	題號	O	X
1	1	0	2	0	1	3	1	0	4	1	0	5	0	1
6	1	0	7	0	1	8	0	1	9	0	1	10	1	0
11	1	0	12	1	0	13	0	1	14	1	0	15	1	0

大題	A	B	C	D	E
得分					

步驟四：製作你的學習強弱項剖面圖

根據上面每大題的數字，在底下畫出一個剖面圖。如下：

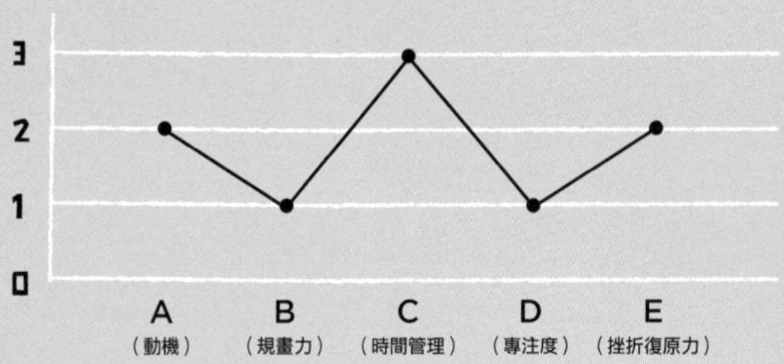

根據這張剖面圖，你就能更清楚知道自己在學習上的強項與弱項為何？

現在就畫下自己的學習強弱項剖面圖吧！

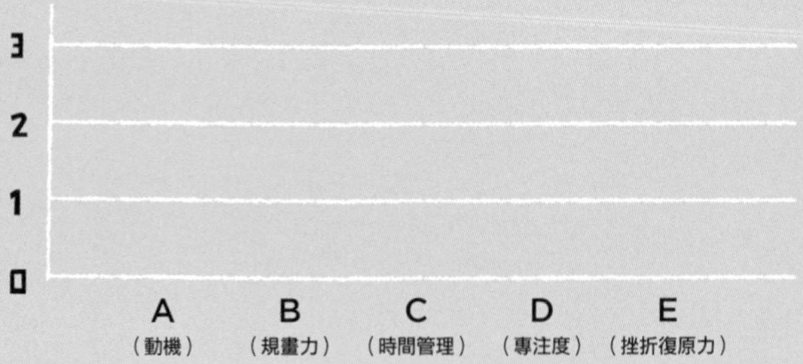

在這項測驗中，每一大題分別代表：

A 你的學習動機有多強

B 你的規畫力有多強

C 你對時間管理的能力有多高

D 你的學習專注度有多高

E 你的挫折復原力有多強

三步驟，專長養成計畫

專長養成跟興趣養成很類似，你可以透過以下的三個階段，逐步培養最適合自己的專長：

1 探索自我

處於青少年時期的你，還不必為了從事某種工作，急切的培養某種能力，可以花多一點時間探索自己的興趣、天分與學習狀況，找出最適合自己加以發展的專長。

舉例來說，如果你已經很清楚自己有某項興趣，例如彈吉他。再根據

CHECK單元的測驗，看看自己在學吉他這項活動上的強項與弱項是什麼，假如你學習動機很強，但專注度不夠，那就要多加強專注度的訓練，再來擬定學習的策略。

或者你沒有明確的興趣，但是經過性向測驗，你發現自己在語文方面的潛能比較高，同時，也發現自己對於英文的學習動機很強，專注力很高，那麼你就可以選擇英文來當作自己可以培養的專長。

2 深度學習

專長的培養，必須透過學習、練習，你可以透過以下的方式，來發展個人的專長：

- **透過課程與社團學習**：參加學校的相關社團可以提供你基礎的入門課程，同學互相切磋，會對學習更有幫助。另外，如果你想要學習的是技能型的專長，像是樂器、設計等等，可以透過校外的才藝課程來深度學習。
- **吸收新知，深度閱讀**：你可以透過閱讀相關雜誌、參加各項講座，來吸收該專長領域的最新知識。你也可以閱讀專業的書籍，透過這些閱讀，你會對想培養的專長，有更深度的認識。

3 訂立目標

培養專長是一件長遠的事，不必急於在短期間看到成績，重點是能夠持之以恆，不斷練習，長期累積。為自己訂立目標，可以讓你在學習的過程中，形成一種階段感，也比較能夠讓自己的學習進步與持久。

◆ **自我挑戰**：你可以透過考試、檢定、競賽、表演作為目標，例如：學習日文，你可以給自己定一個目標，例如：一年之內要通過檢定四級，再逐步往前進。這不僅可以讓你因為有目標而更有學習動力，取得相關的成績，對於未來的發展也很有幫助。

◆ **訂立計畫**：有了目標後，就要制定計畫表，要求自己按部就班完成。每天固定安排時間練習、投入精力、養成習慣，一點一滴累積成你的專長。

阿部弘士：從工作中累積自己的專長

日本知名繪本作家，二十五年的動物園飼育員生涯，讓阿部弘士近距離感受動物「活生生」的姿態。除了守護動物，他也用畫筆再現動物帶給他的生命體會。

你喜歡以動物為主角的繪本嗎？如果答案是肯定的，推薦你一定要認識阿部弘士這位日本的繪本作家。

打開阿部弘士的作品，你會發現，他筆下的動物們總是那麼生動有趣，跟其他的繪本作家比起來，阿部弘士似乎就是特別活靈活現。為什麼呢？因為阿部弘士有個非常特別的人生經驗——他曾經在動物園當了二十五年的飼育員。

阿部弘士是北海道人，從小就喜歡畫畫，志向就是當畫家，他曾經想過要到東京去追逐自己的畫家夢，不過，因為結了婚，有了家庭，就留在家鄉旭川市找工作。在大自然中長大的阿部，想從事的也是能夠跟自然接近的工作，於是他選擇了進入旭川市的動物園，一開始負責照顧溫馴的山羊、孔雀、小野狼等，後來就開始擔任老虎、獅子的褓母。

在動物園工作的經驗，讓阿部弘士體會到，不論是大象、長頸鹿，或是獅子、豹、老虎，每種動物都有不同的迷人特性，或是威嚴、或是兇猛，都會為人們帶來很大的驚喜和感動。跟動物們朝夕相處的阿部弘士，每天都會跟同事討論「動物園存在的意義是什麼？」、「怎麼樣才能讓動物過得更自在」，而這些問題最後都會連結到「生命是什麼？」、「活著是什麼？」等問題，而阿部弘士選擇拾起畫筆，作為回答問題的方式。

阿部弘士對於畫動物很有信心，因為飼育員的身分，他有機會看到動物們「活生生」的模樣，不論是每個部位的形狀，或是身上毛髮的觸感，阿部弘士都相當熟悉，因此他能夠傳神地畫出各種動物的姿態和神情。因為他畫出來的動物都太吸引人了，漸漸地有愈來愈多編輯邀請阿部弘士創作，而他也利用工作之餘，創作出第一本繪本作品《大家來逛動物園》，結果大受歡迎，後來他決定從飼育員的工作中退休，專心於繪本的創作。

幽默的阿部弘士曾經說過：「我在動物園生活的時候，有一天，斑馬太太突然對我說：『你也該洗心革面啦！』我嚇了一跳，將手上的掃把換成畫筆，沒日沒夜的工作，創作了一些作品，真希望斑馬太太也能讀一讀。」

阿部弘士畫動物，並不是採取細緻工筆的畫法，而是以簡單、奔放線條，讓動物們活躍於紙上。只有把動物當做家人、朋友的阿部弘士，才能捕捉到動物這種自在的神韻，他的功力，其他繪者難以企及。

有時候，通往夢想的路徑，並不是直線，你可能多繞一點路，才能走近自己的夢想。像阿部弘士年輕時雖然放棄了當畫家的機會，但是透過在動物園工作的經驗，反而讓他成為畫動物的高手。如今，他悠遊在繪本創作中，畫著他最喜愛的動物，真的是非常幸福呢。（文／謝其濬）

阿部弘士的探索

↓

從小喜愛自然與畫畫

↓

進入動物園工作

↓

透過畫畫深入了解飼育員的工作

↓

在工作中持續觀察，不斷繪畫，
培養出畫動物的專長

↓

退休後，繼續畫動物，
成為知名動物繪本作家

- 專長是以興趣、天分為基礎，透過後天的學習而形成的能力。
- 從事一種職業的必備能力，稱為「職能」；不同的職業，就會有不同的職能，單一的職業中，需要的職能可能也不只一種。
- 在發展個人的專長時，除了要考慮到興趣和天分，也可以思考自己的學習風格，找出最適合自己的專長。
- 培養專長是一件長遠的事，不必急於在短期間看到成績，重點是能夠長期累積。

延展練習

1. 找出你最嚮往的三種工作，這些工作分別需要什麼樣的專長？為什麼？

2. 從報章雜誌上，找出一位你最感興趣的成功人士，他們的專長是什麼？

3. 找出你現在最想要培養的專長，並說明原因。

痛點 4

我對自己的選擇沒有信心？

沒有自信的話，
就不敢往自己的
夢想前進了喔！

莉雅
媽媽。
你這次月考又退步囉……
……
你不要一天到晚寫那些東西，你以為當作家有那麼容易嗎？多花點時間讀書，媽媽是為你好啊。
知道嗎？

噹噹——
明天見——
再見——
莉雅？
你怎麼還沒回去？
老師……
老師，
你真的覺得我的文章寫得很好嗎？
當然啦！
老師當了這麼多年國文老師，堪稱閱文無數喔！

可是……
我的小說又被退稿了。
!
雖然評審一樣又要我繼續努力，但是我……
我媽說，這是人家禮貌的回應，
她叫我早點放棄算了。
莉雅，你現在才國一，不用急著為自己的未來定位啊。
可是我媽一直希望我去念商學院，
我對商學院一點興趣也沒有呀！
莉雅，其實你也別這麼快下結論。可以先去了解商科的內容，
再好好的跟父母溝通。

像老師有朋友喜歡畫畫，但後來去當了醫生，可是他還是利用閒暇繼續畫畫，做自己喜歡的事。
HAHAHA
這也是取得平衡的一種方式。
莉雅，你不要給自己太大壓力喔！
謝謝老師，老師再見！
沒想到莉雅這麼煩惱……
有了！

你有肯定自我選擇的信心嗎？

喜歡寫作，想當作家，可是母親卻認為作家沒有前途，唯有讀商學院、日後到銀行工作，才是正軌；親子間價值觀的差異，總是讓彼此不歡而散。

莉雅面對的難題，可能也是你現在的難題。

對於未來，你有自己想走的路，但是師長或家人卻有不同的意見，你該堅持自己的主張？還是該聽從他們的想法？

打開這道難關的鑰匙，就在你的自信。

什麼是「肯定自我選擇」的自信？

簡單的說，自信就是相信「天生我才必有用」，你或許不是班上成績最好的人，但是你仍然擁有自己的獨特之處，比方說，你可以成為班上最有創意、朋友最多、最會寫作文、體能最好的學生……因為你相信自己的能力，也相信自己可以面對問題、解決問題。

在生涯探索的過程中，你會面臨到許多必須做選擇的時刻，這並不是一件容易的事，特別在中學的這個時期，許多人會給你意見，他們或許會贊同你的選擇，也極有可能想要改變你的想法。當然他人的意見可以參考，但如果你經過評估，心中了解自己最適合的選擇是哪一個時，你就必須要擁有「肯定自我選擇」的自信，相信自己，並且願意給自己更多嘗試的機會。

為什麼需要建立肯定自我選擇的自信？

每個人在生涯探索時，難免會面臨來自同學、師長、家人的意見，甚至還可能遭到挫折和打擊，這時候，你會覺得像是迷失在一場濃霧中，找不到繼續前進的方向。

自信就像人生的指南針，讓你在面對下述的三大困境時，仍然能夠堅定的朝著自己設定的目標前進：

◆跟父母的意見不同時

當父母不認同自己未來想走的路，一味的反抗，或是全盤接受他們的意見，都不見得是最好的作法。

只要你有自信，你可以滿足父母部分期待，同時說服他們留給你一些發展自我的空間；在「做自己」跟父母的期待之間，找到一個平衡點。

◆跟同儕的意見不同時

現階段的你，通常很重視同儕的意見和看法，當自己的好友或死黨，希望你未來走跟他們一樣的路，即使那條路並不適合你，你也往往很難拒絕，因為你認為，如果不這麼做，你可能會失去他們的支持和友誼。

如果你有自信，其實就不必擔心這點，你可以堅持自己的想法，走自己要走的路，同時仍然能維繫著同儕間的友誼。

◆面對挫折或打擊時

在探索自我的過程中，難免會受到考驗，以莉雅為例，因為遭到了退稿，就立刻認為自己沒有寫作的才華。

其實，即使是最有天賦的人，也未必會一帆風順；但有自信心的人，懂得從失敗的經驗中學習，藉由挫折的力量幫助自己再上一層樓。

CHECK

對自我選擇的信心指數有多高？

請根據你的實際狀況，回答以下的問題。 是 否

1. 小組活動中，如果你有不同的想法會提出來嗎？ ☐ ☐
2. 你討厭自己的個性，總是羨慕別人嗎？ ☐ ☐
3. 如果你不贊成好朋友的意見，你會告訴他嗎？ ☐ ☐
4. 如果某個朋友常弄壞或弄丟你的東西，你還是會繼續借他嗎？ ☐ ☐
5. 即使知道家人會不高興，你仍然會告訴他們心裡的感受嗎？ ☐ ☐
6. 面對爸媽的要求，你是否很難拒絕？ ☐ ☐
7. 別人的批評常讓你閉口不言或暴跳如雷嗎？ ☐ ☐
8. 即使沒犯錯，還是會常常說「對不起」嗎？ ☐ ☐
9. 你常因為別人而改變自己的想法嗎？ ☐ ☐
10. 在家人面前，你是否常覺得很委屈或很壓抑？ ☐ ☐

（楊俐容提供）

請根據你的勾選，對照下面的得分表。最後將十題的總分計算出來。

	1	2	3	4	5	6	7	8	9	10
是	0	1	0	1	0	1	1	1	1	1
否	1	0	1	0	1	0	0	0	0	0

如果你的得分在 3 分以下，代表你對自己的選擇很有信心。

如果你的得分在 4-6 分，表示你可能有時候不太確定。

如果你的得分在 6 分以上，表示你可能對自己的選擇沒有自信，很容易受到他人影響而改變自己的想法。

從日常生活中建立自信

透過以下四個方案，原本對自己信心不足的你，也可以逐步的建立起對自己的信心。

1 從「小成功」累積

當你了解個人的優缺點後，下一步，就是在日常生活中，建立小型的目標，透過「小成功」的累積，為自己帶來自信。

以莉雅為例，她可以從利用優勢、機會，或是改善劣勢、威脅這兩個角度，來創造自己的「小成功」。

比方說，英文原本就是她的優勢，她可以把「一天要背十個單字」設為目標。另一方面，既然害羞是她的劣勢，也可以將「跟陌生人聊天超過五分鐘」設為目標。目標不必太困難，重點在於給自己「我可以做到」的自信。

當我們發現完成目標並不是那麼困難，並且能夠從中獲得很多的樂趣，你對自己的信心也會隨之建立起來。

2 想像自己成功的畫面

人的潛意識跟現實之間，有著奇妙的連結；因此，做任何事時，盡量多想像自己成功的畫面，這麼做會為你注入正面的能量。

你可以每天早晨起床，在心裡為自己打氣，針對想要實現的事情，用肯定的語氣對自己說：「我一定可以完成××○○」，「我一定可以……」藉由這些正面的想法，讓自己成為自己最強而有力的夥伴，不管前方有多難的挑戰，都會更有力量去面對。

3

開始寫「信心日記」

每天寫下當天讓自己感到有成就感，或是有信心的事，持續進行一段時間。透過這樣的方式，可以將正面的想法和情緒灌輸到心裡，慢慢改變自己的態度與想法，強化「我是有自信的人」的感覺。

千萬不要看到日記兩個字就感到頭痛，你可以用非常簡單的方式來寫作自己的信心日記。用條列式，每天列出五件自己覺得很有成就感、很有信心的事，不管是課業上的，或者是生活上的都可以，例如：

1. 今天舉手說了一個跟大家都不一樣的答案，被老師稱讚。

2. 在公車上請一個同學讓座給孕婦。

另外，你也可以記錄今天看到對你很有幫助的金句或者小故事，也寫下自己的想法。例如：

1. 今天看到鈴木一朗的日記，原來圓夢也要有計畫，要開始規畫自己的未來。

2. 今天有作家來演講，提到抄一篇好的散文可以增進寫作力，真是好方法！

寫作「信心日記」，也有助於我們積極去創造有成就感的事，再回饋我們自信心，形成正向的循環。

吳季剛：做自己，沒有理由不自信

國際知名服裝設計師。因美國第一夫人蜜雪兒・歐巴馬在二〇〇九年總統就職晚宴上的那一襲禮服，使得來自台灣的服裝設計師吳季剛，一夜成名。不只在競爭激烈的時尚圈裡闖出一片天，二〇一二年更推出個人品牌服飾，甫推出即造成話題並銷售一空。

打從一開始我就知道自己會走上設計師這條路。從小到大，我就喜歡漂亮的東西，不管是藝術品、衣服、建築，連水餃也喜歡包得漂漂亮亮，不好看的我不吃。我五歲開始學素描、雕塑，最早的畫作是一張美人魚。九歲就深受女性柔美的線條吸引。爸媽非常支持且培養我做喜歡的事。

剛到加拿大念書時我英文不好，也不是好學生，媽媽便給了我時尚雜誌，要我讀，藉此學英文。我想自己能成為設計師的原因，是因為我沒有受限，能夠盡情去探索成為設計師是怎麼一回事；加上旅行的經驗、所受的教育以及曾獲得的鼓勵，才成就了今天的我。

小時候，我跟一般小孩很不一樣，我玩洋娃娃，運動完全不行，數學超級爛，很不像一般男孩子。從前別人笑我玩娃娃，讓我懷疑自己，這時，我哥會站出來替我說話，他會說：「讓他當他自己吧，那樣有什麼不對？一點都沒有錯！」我很感激的是，在我知道自己是誰以前，家人就知道我是誰，這點我以我的家人為榮。

以前在學校，我一般科目不突出，反而很會繪圖、畫畫，很有創造力。我過去做的，可能不被社會一般觀念所接受，所以那時我沒有信心。但當我了解到，可以把注意力從不擅長的地方，轉移到自己擅長的地方。做到這一點後，我持續發展自己的專長、做喜歡的事，就幾乎沒有任何理由不對自己有自信。

十八歲時我成為 Integrity Toys 的創意總監，學會如何與人工作、如何創業，同時也在申請大學。當時覺得自己唯一的選擇是留在紐約當設計師。雖不知從何做起，但我一直努力嘗試，從來沒有讓自己有機會放棄。

像任何產業一樣，時裝業非常難進入，大家總是告訴你，你不會成功，但你必須相信自己。我從小就知道努力必定會有收穫，這是我所遵循的模式。媽媽總是提醒我，只要能相信自己的作品，好的際遇就會隨之而來。爸媽常跟我們說：認識自己是誰，持續成為那樣的人。

我之所以能在時尚界快速崛起，在於我一開始就能將有趣的想法，成功表達出來，並且持續表現。我相信，只要明確認知設計師的角色何在，其他的部分就會自然到位；知道自己是誰，就會做到最好。

——摘錄自《親子天下》第四十二期

吳季剛的探索

↓

從小就有設計的潛力

↓

學科成績不突出，對自己沒信心

↓

轉向自己喜歡的設計

↓

持續發展專長、做喜歡的事

↓

對自己的選擇產生自信

本章重點

- 自信就是相信「天生我才必有用」，因為你相信自己的能力，因此也相信自己可以面對問題、解決問題。
- 當你對未來的想法，跟父母的期待有差異時，你可以滿足父母部分期待，同時說服他們留給你一些發展自我的空間。
- 寫作「信心日記」，有助於我們積極去創造有成就感的事，再回饋我們自信心，形成正向的循環。

延展練習

1
你覺得現在的你有自信完成的事是什麼？為什麼？

2
寫下三到五件你做起來最有成就感的事，每個星期做一次。

3
開始寫「信心日記」，維持一個月，檢視自己的變化。

痛點 5

我該怎麼規畫自己的升學路徑？

找出適合自己
的升學路徑，
迎向想要的人生吧！

為了協助同學對升學管道有所了解，
老師規畫了高中、高職與大學科系的參訪。
今天準備要去中文系參觀
國立天下高級中學
莉雅、品嘉，
你們都喜歡寫東西，這個科系很適合你們吧！
歡迎你們來，
我是系主任。
等一下我會詳細跟大家說明中文系的各項課程喔！

中文系不單單教授語文學科，
也有戲劇、飲食文化等等，多元的課程。
這是整體的課程規畫表。
哇——好多古文課程喔！
原來中文系不是在教寫作啊！
古文我最不行了
呵呵，一定有很多同學認為中文系就是在教寫作吧？

我們系上的教學，確實不是以寫作為重點，但也可以說是跟寫作有關，
我們也有一些寫作的課程，但整體並不是以培養作家為主要目的。
嗯嗯
所以各位同學，
在規畫升學路徑時，可別看到系所名稱就填，
一定要多去了解各科系的實際課程內容，
是不是符合自己的需要。
這也是我們做這份報導的目的，大家要好好努力，造福全校同學喔！

回去後，大家整理了一份詳盡的資料，
對於自己的方向也比較清晰了。
傳播學院大概最適合我吧！
品嘉一向都好明確。
有些職校的平面設計課程很有趣，或許我可以考慮去讀高職！
莉雅你呢？
我……我還沒決定耶！
我只知道我喜歡寫作，但還沒有明確的目標。
沒關係吧，
這次採訪後，我對餐飲學校超有興趣的，跟動畫打成平手了！
又來了，你這個三分鐘先生！

該怎麼找到適合自己的升學路徑？

現在你已經了解自己的興趣、天賦，建立了自己的專長、自信心，這些其實都是為了接下來的生涯抉擇做準備。

從小學到國中，我們所受的是基礎教育，基本上，你跟其他同年級的學生都是接受相同的課程。但是，由於每個人興趣、天賦、專長都不同，結束基礎教育後，每個人必須做出生涯抉擇，以備進入不同的專門領域，學習那個領域的專業知識和技能。

該怎麼決定自己的升學路徑？你知道自己未來可以進入哪些科系嗎？這些科系都在學些什麼呢？什麼樣的科系最適合自己呢？

為什麼需要認識升學路徑？

在國中基礎教育結束之後，通往未來的路線就不再只有一條，尤其在十二年國教實施之後，入學方式變得更多元，如果你能清楚了解這些入學的方式，搭配前幾章所提到的興趣、性向、專長的探索，就能為自己選擇一條適合的升學路徑；就像是擁有一張地圖一般，對於未來的發展，也就會有比較清晰的方向。

在升學的過程中，有幾個重要階段的選擇，對於未來發展會有比較大的影響，是你應該要先了解的。

抉擇一：普通教育VS.技職教育

升上國中時，你可以試著觀察自己，是比較喜歡知識方面的探究？還是偏好自己動手做的樂趣？當你結束了國中學業，你就有兩大方向可以選擇：

◆ **普通教育**：如果你喜歡知識探究，可以選擇進入一般高中；由於日後以進入大學為主要目標，因此在學習上比較接近大學的預備教育。

◆ **技職教育**：如果你喜歡動手做，並且從中得到很大的成就感，可以考慮選擇走技職教育，包括了高職、五專，兼顧升學與就業，在學習上比較偏重實務經驗的累積，以及專業技能的養成。

如果你選擇進入普通教育，會在進入大學時，面臨科系的抉擇；相對的，如果你決定要走技職這條路，進入高職、五專時，就必須在不同的專業科系中，擇一就讀。

國中畢業時，你可以根據學校的升學輔導建議或者自身的興趣來做選擇，不論進入高中或高職五專的技職教育，未來你都仍有機會進入一般或科技大學就讀，所以說，也不必太擔心現在做了抉擇，從此就決定自己的人生。

抉擇二：社會組V.S.自然組

如果你的選擇是進入高中，經過高一共同科目的學習，升上高二，你將會面臨選組的抉擇。此時，你有三個類組可以選擇：

◆ **第一類組**：通常又稱為社會組，未來對應的大學科系以社會、人文、藝術、法政、商管科系為主。

◆ **第二類組**：則稱為自然組，未來對應的大學科系以理工、電機資訊為主。

◆ **第三類組**：也屬於自然組，未來對應的大學科系與醫能生科領域有關。

選組的依據同樣要考量自己的興趣、性向與擅長的科目，如果非常喜歡文科，不擅長或者不喜歡數理科目，就可以考慮選擇社會組。如果自己的志向很清楚，例如想要當工程師，數理科目的學習也還不錯，那麼就可以選擇自然組。

雖然組別不同，未來可以選填的大學科系也不一樣；不過，由於入學考試的制度提供了跨組考試的機會，不論你選擇哪一類組，未來仍然有機會去就讀其他類組的科系。

抉擇三：選擇大學科系

當你要進入大學就讀時，根據你所念的類組，必須再選擇其中一個對應的科系就讀。教育部將大學科系分成了十八個學群，每個學群底下，有非常多的科系可以選擇。十八學群分別為：

資訊、**法政**、**管理**、**財經**、**工程**、**數理化**

醫藥衛生、**生命科學**、**生命資源**、**社會與心理**、**地球環境**、**遊憩與運動**

建築設計、**藝術**、**大眾傳播**、**外語**、**文史哲**、**教育**

由於科系繁多，而且每個科系的的發展路線，有時候在科系名上並不容易看出來；同樣是中文系，有的學校擅長古典文學，有的專注於現代文學的研究。在選擇科系時，一定要更深入去了解科系的實際內涵，就讀該科系需要具備那些能力等等，如可以參考「校園天下」、「漫步在大學」、「大學入學考試中心」、「學系交通網」等網站，或是到學校的輔導室翻閱相關資料。

另外，利用寒暑假，參加大學舉辦的科系相關營隊、講座活動，可以更深入了解這些科系。

建立你的「升學路徑圖」

當我們在選擇升學路徑時，你必須考慮到本身和家庭的因素。深入了解外在的學習環境，可以讓你在做出選擇時，更清楚知道自己的方向。你可以根據以下的幾個方法，來建立自己的「升學路徑圖」。

1 **高中與技職探索單**：

在考慮升學路徑時，首先要了解每個升學管道的主要內涵。在考慮就讀高中或者技職之前，你也可以先問問自己以下這三個問題：

- **你是否喜歡實際動手勝於動腦？**
- **你的操作能力是否強於抽象能力？**
- **你和家人是不是都覺得擁有一技之長比較重要，不一定要取得大學學歷？**

以上的三個選項中，如果有兩個你都選擇了「是」，那麼你選擇就讀技職的趨向就大大提高。一旦決定選擇技職教育，就要選擇學群，決定自己想要走的科系，這時你可以用我們前面提過的興趣及性向兩個項目的結果作為參考。

如果經過以上的測驗，你發現自己一個「是」都沒有，或者只有一個，那麼你可能就比較適合讀高中。你可以利用以下的喜歡與擅長的對比表來思考自己要就讀自然組還是社會組。

首先調查每個類組在高中需要學習的學科，如下表，接著從中圈出自己喜歡的學科，填在我喜歡的表格裡。接著再思考每個類組我所擅長的學科為哪些，寫在擅長的欄位裡，進行簡單的評比。

而不論你選擇的是高中與技職，你都可以根據左頁的「升學管道探索單」，各選擇一所你有興趣的高中、高職與五專裡的某個科系，進行深度探索。

學科	第一類組學科	第二類組學科	第三類組學科
	國文、英文、地理、歷史、社會…	國文、英文、數學、物理、化學	國文、英文、數學、物理、化學、生物
我喜歡的學科			
我擅長的學科			

升學管道探索單

升學管道	一	二	三
學校名稱	______高中 ______組	______高職 ______科	______五專 ______科
求學年限			
主要教學內容			
畢業後升學方式			
未來就業			
我的感想	1、這三個管道中，比較適合我的是__________，為什麼：______________________________ 2、這個管道要學習的科目，與我擅長的能力是否符合？ □是 □否（為什麼______________________） 3、這個方式畢業後的出路與我的夢想是否符合？ □是 □否（為什麼______________________）		

2 科系學習單：

不管你在國中畢業後選擇哪一個升學管道，未來都有可能繼續上大學就讀，因此對科系的了解也是相當重要的。

有時候，我們可能會受到科系名稱的影響，對於這個科系產生誤解，就像莉雅以為中文系就是要培養作家，然而，中文系雖然有寫作課程，整體來說，並不是以培養作家為主。因此，未來在選擇科系時，可不能光憑科系的名字就做決定，一定要事先了解科系的教學內容，以及培養人才的方向。

你可以利用「科系學習單」，幫助你對科系有更完整的認識，從以下四種方式來收集、撰寫所需要的資訊。

◆ **利用學測簡章了解全國各大學有哪些科系。**

◆ **選擇會讓你眼睛發亮的科系與學校。**

◆ **進入該系網站，了解該系之課程內容，如果有百分之八十左右的**

課程會吸引你，和你擅長的科目相符，對於其他不太喜歡的百分之二十科目願意勉強自己付出心力學習，就可以將該系列為候選。

◆ **進一步了解該科系與學生相關的活動，以及提供給學生的資源和機會。**

經過以上思考，就可以決定要將哪些科系列為候選名單。然後針對這些科系進行更深入的探索，以下的科系學習單將會幫助你客觀了解。

現在，請你尋找自己心中最感興趣的科系，並撰寫科系學習單。

科系學習單

科系名稱：	
入學方式	□個人申請　□繁星推薦　□考試入學
核心課程（三門）	
未來出路（三種職業）	
相關科系	在相同的領域中，列舉出三個與此相關（或相同）的科系，並且予以排序。（例如：中文、歷史、大傳……看看這個學系在你心目中的排名為何）
其他	
我的評估	1、核心課程中，我喜歡的比例大約有 □80%　□50%　□20% 2、這個系所要學習的科目，與我擅長的能力是否符合？□是　□否（為什麼＿＿＿＿＿＿＿＿） 3、這個系所畢業後的出路與我的夢想是否符合？ □是　□否（為什麼＿＿＿＿＿＿＿＿） 4、如果我想要就讀這個系所，我最需要加強的能力是：＿＿＿＿＿＿＿＿

3 繪製我的升學路徑圖：

最後，根據前面的探索，繪製你的升學路徑圖。

我的升學路徑圖

國中畢業後，我要選擇

↓

□高中

□高職 .... 科

□五專 .... 科

畢業後，我希望

↓

□升學：就讀大學 .... 科系

□就業：從事 .... 工作

鄒駿昇：繞了一大圈，還是回到了想去的地方

插畫家，作品多次獲得國際獎項的肯定，包含四度入圍義大利波隆納插畫獎、美國3×3插畫藝術大賽首獎和繪本類金獎、拉加茲童書獎藝術類評審特別推薦獎、波隆那SM國際插畫首獎等。

小一的時候，我有學習障礙，在豐原鄉下就讀豐田國小，連低年級的數學課，都趕不上進度。老師只好叫同學下課特別指導我，光是最基本的一加一等於二，我都不懂。我常常只看得到影像，老師說「1」的圖形加「1」的圖形等於「2」的圖形，為什麼？我不懂，不懂邏輯，所以成績沒有好過。

考試考不好，媽媽要求我去補習。補習班老師是韓國人，會打頭，被打到怕，就努力拚。一去就一直算一直算，非常八股的補習。小四就開始算小五的數學，反正一直在趕進度，很不快樂。

永遠都記得，小二的時候有一個畫圖比賽，是國慶日，我畫了閱兵典禮上的坦克車。老師收一收全班的畫，送去比賽，結果我得了全校第二名。這件事讓我很快樂。一個小孩子，學科一直都不被認同，可是畫圖讓我突出、有成就感，因為老師、同學認同我。從此，我被認定為很會畫畫的小朋友，高年級還代表學校參加全國比賽，因為沒受過訓練，比賽表現沒有很突出。

可是我一直都喜歡畫，會在家裡畫，或在地上塗鴉，一直持續這件事。國中導師對於週記要求很自由，可以寫讀書心得、剪貼或是畫圖，我就畫了兩年的週記。畫喜歡的東西、模仿其他插畫，或是畫喜歡的漫畫，因為這樣，老師跟我說，高中可以去考美術班看看。

在畫圖上，我一開始不是很好，但是會後來居上，聽起來很臭屁，可是這是事實。

考南投竹山高中美術班的時候，很慘烈，沒學過畫圖，可是要考國畫、山水畫，我根本不會。考復興商工的時候，因為沒學過水彩，不太會用，結果水加得越多越難上色，就被一起考試的台北學生取笑。

可是高中念得很愉快，因為有很多術科。水彩課、國畫課，都是以前不曾有的，就算一開始畫不好，喜歡一件事就會一直去做，而且會自我要求，練習久了就會了。

高中畢業，我是全校唯一通過保送甄試，考上政治作戰學校美術系的人。一方面我術科很強，一方面智力測驗時，發現題目多到不可能在時間內做完，就跳過數學、語言題，直接寫有圖案的題目。像是解讀3D圖之類的，答得超快，整本就挑有圖形的題目拿分。結果考了高分，學校還貼很大的紅字條。我以為有學校念，四月就開始玩、放暑假，沒想到根本就不能念。

家人寧願我重考，也不讓我念藝術學院。父母觀念比較保守，想確認小孩有穩定工作，溫飽沒有問題，自己才可以安心退休。重考大學填志願，還規定要把師院往前排，結果落點就到了嘉義師院。

諷刺的是，繞一了大圈，我最後居然跑到英國念最貴的私校——皇家藝術學院（Royal College of Art）。我真的想走自己的路，到英國拿了兩個碩士，是再給人生一次機會。我覺得，人要放對位置，慢沒關係，只要方向對了，終究會到達你想去的地方。

——摘錄自《晨讀10分鐘：啟蒙人生故事集》親子天下出版

鄒駿昇的探索

↓

喜歡畫圖

↓

報考高中美術班
就讀竹山高中美術班

↓

保送政戰學校美術系，父親反對，
重考上嘉義師院

↓

畢業幾年後到英國就讀藝術學院，
實現夢想，成為插畫家

- 由於每個人興趣、天賦、專長都不同，完成基礎教育後，每個人必須做出生涯抉擇，未來進入不同的專門領域學習。
- 人生不是一次決定終生，即使做出了生涯抉擇，未來都還有改變的可能。
- 利用「科系學習單」，充分收集科系資訊，幫助自己做正確的生涯判斷。

延展練習

1

根據你目前擁有的資訊，你對哪個科系最感興趣？為什麼？

2

你想進入普通教育還是技職教育？寫下原因。

3

你做生涯抉擇時，最重視哪些因素？為什麼？

痛點 6

我該怎麼找到適合自己的工作？

找到適合自己的工作，
才能做得有成就感
又快樂喔！

老師邀請幾位各領域的專業人士來為大家分享實際的工作狀況。
插畫家
哈哈哈
那我就簡單介紹一下工作的甘苦談吧。
妙妙聽得津津有味。
現在畫師多以電腦繪圖完稿，我則是兩者都可……
銀行經理
我覺得工作最重要的，除了專業知識，還要能符合自己的工作價值。

第三位是記者，也跟大家分享了許多妙事。
原來，就讀科系跟實際工作也沒有絕對的關係啊！
對啊，而且每個工作都有辛苦跟有趣的地方。
我已經更加確定我要當插畫家了！

你該不會只是因為那個插畫家是個帥哥吧？
才不是！
導師辦公室
最後一個採訪的職業是老師。
唉呀！好緊張啊！
別緊張嘛～
老師，當老師有什麼苦差事呢？
有啊！
像昨天宥寧又弄壞社團電腦，真傷腦筋呢！
咚！

當老師對我來說，是一件辛苦又快樂的工作。
其實每個工作也都是如此。
只要你能找到其中的意義與價值，投入自己的熱情，都能樂在其中的！
難怪老師總是這麼開心！

你心中有嚮往的工作嗎？

對於「工作」，我們總是有著各式各樣的想像。髮型設計師，感覺好酷、好帥，說不定還有機會上電視；醫生似乎很辛苦，可是大家都說當醫生就能賺大錢；導遊可以一天到晚出國玩，還可以順便賺錢，真是太棒了。

其實，這些工作的實況，可能跟你想得很不一樣哦。

故事中，為了幫助大家了解每種行業的內容，老師特別邀請三位不同領域的專業人士分享他們的工作經驗，經過他們的現身說法，大家才知道，原來每種工作都有辛苦和快樂的一面，而且工作所創造的價值，也不僅是金錢和名聲，還有其他很重要的東西。

你心中有嚮往的工作嗎？你知道什麼樣的工作才適合自己嗎？

人為什麼要工作？

在尋找一份適合自己的工作之前，你可能要先問自己：「我為什麼要工作？」也就是要先建立自己的工作價值觀。

每個人投入工作，都有不同的目的；有些人希望透過工作，為自己帶來安定的生活，也有人認為，在工作中貢獻一己之力，去幫助更多社會上有困難的人，才是最重要的事。

當所從事的工作，跟自己的工作價值觀相符合時，因為這是你想做的事，做起來一定會特別投入，也就容易有傑出的表現。相反的，如果你明明很重視工作的自我實現，卻選擇了一份比較無法實踐內在價值的工作，做起來一定就非常不開心。

不同的目的，代表了不同的工作價值觀，而大多數人所追求的工作價值，可以簡單的分為以下四類：

工作價值表

內在價值
包括工作帶來的成就感、自我實現、創造力。

外在價值
包括工作帶來的金錢、舒適生活。

社會價值
包括工作帶來的社會貢獻、造福人群

聲望價值
包括工作帶來的名氣、社會地位。

想一想，這四大工作價值觀中，你最重視哪一種？為什麼？你也可以根據以下的測驗，更深入了解自己所追求的是怎樣的工作價值。

CHECK

我的工作價值清單

如果你有 1000 個單位的工作能量，請你先認真的看一看以下這 15 個選項，想一想每一項你願意投入的單位數是多少？再選出你最想要的前五名。

題目	出價	排序
1 我的工作是提供別人幫助，增加別人的福利。		
2 我的工作要具有藝術的美感，創造出優美的作品。		
3 在工作中，我能發揮新的想法，做出創新的東西。		
4 我的工作需要敏銳的思考。		
5 我能在工作的成果中，知道自己做得不錯。		
6 我能在我的工作範圍內，自由發揮，自己做決定。		
7 我的工作，能讓我得到別人的尊重。		
8 我的工作具有高於別人的權力，可以計畫和組織別人的工作。		
9 工作會加薪，收入能使我的生活覺得寬裕。		
10 我知道這份工作會持續下去，不會有失業的危機。		
11 我的工作場所很好，安靜、清潔、有足夠的空間、設備新穎。		
12 在工作中，有一個明理、態度良好、能體諒人的上司。		
13 工作中，能讓我和同事建立友誼，和諧相處。		
14 我的工作能帶給我最喜歡的生活方式。		
15 我的工作內容是富有變化的，會做到許多不同的事物。		

（楊俐容提供）

工作價值對照表

1. 利他　藉由工作，我能幫助他人，促進他人的福利。
2. 美感　藉由工作，我能讓世界充滿美感，增添藝術氣氛。
3. 創造　我的工作主要在發明新事務、設計新產品或創造新觀念。
4. 智性　我的工作讓我能夠獨立思考、學習與分析事理。
5. 成就　我能全力以赴把工作做好，而且容易看到具體成果。
6. 獨立　我能以自己的方式來做事，不會受到太多牽制。
7. 名聲　我能受到他人的推崇和尊重。
8. 管理　我能策劃工作、管理部屬。
9. 報酬　我有豐富的收入，並因此能夠買我想要的東西。
10. 安全　我的工作能提供安定的生活保障，不受外界環境影響。
11. 環境　我的工作環境舒適良好。
12. 督導　我能與上司和諧相處。
13. 同伴　我能和志同道合的夥伴一起愉快的工作。
14. 生活　我能選擇自己的生活方式，實現自己的理想。
15. 變化　我的工作富於變化，並讓我有機會嘗試不同的內容。

填好 158 頁的表格後，將你最想要的前五名，與你願意付出最多能量的項目，對照上方表格找出對應的工作價值（前面的數字為題號，後面為代表的價值）。這樣你就能大略知道，在工作中，什麼對你來說最重要。

找尋你心中的夢幻工作

工作價值觀是尋找工作時的一個重要考量，當然也不能忘記思考這份工作是否符合自己的專長？每個人都希望以後可以找到一個屬於自己的夢幻工作，不但可以做得很開心，而且也能夠發揮所長。

在第三單元中，我們曾經提到了培養專長的方法，結合天賦和學習策略兩個元素，也可以用來幫助尋找跟自己專長相符的工作。

不過，還在求學階段的你，不必急著替自己下定論，你還有很多時間去探索自我，並接觸跟職業相關的資訊，說不定未來的你，還能創造出屬於自己的夢幻工作。

如果，你心中已經浮現了一份未來想從事的工作，你對這份工作的了解有多少呢？

四招，找出你的夢幻工作

我們對於工作可能會有不同的期待，透過以下的步驟，你可以更清楚認識工作的完整面貌，作為未來選擇工作的參考。

1 我嚮往的工作是……

寫下目前你最嚮往的三個工作，並列出三個嚮往的理由。例如：我想要當廚師，因為可以做出好吃的食物、可以發揮創意設計有趣的菜單、收入高。

2 工作內容調查

根據上面你所列的三種工作，進行工作內容調查，你可以從報章雜誌、網路上搜尋資訊。看看這幾個工作的實際內容，是否跟你的想像一致？

工作內容調查表

項目	內容
每天工時	
平均薪資／福利	
需要證照	
最能滿足的工作價值（選出前五名）	□利他 □美感 □創造 □智性 □成就 □獨立 □名聲 □管理 □報酬 □安全 □環境 □督導 □同伴 □生活 □變化

3 達人訪談

你可以根據以下的「職人訪談表」，請教一位從事這份工作的人，請他談一談，他認為這份工作的優點是什麼？缺點是什麼？他自己是否喜歡這個工作？為什麼？

職人訪談表

項目	內容
每天工時	
平均薪資／福利	
需要證照	
最能滿足的工作價值（選出前五名）	□利他　□美感　□創造 □智性　□成就　□獨立 □名聲　□管理　□報酬 □安全　□環境　□督導 □同伴　□生活　□變化
工作甘苦談	這份工作的優點是： 這份工作的缺點是： 我喜歡這個工作嗎？為什麼？ 對於想從事這一行的人，我的建議是：

4 工作總結評估

最後，請根據前面的三個步驟，讓我們來看一看，經過你的調查，你所嚮往的這三個工作的真實內容，是否跟你想的一樣？經過這樣不斷探索就能找出自己的夢幻工作。

我的總結評估表

工作名稱：
1、工作內容是否跟我的想像一樣？ □是 □否 原因：
2、這份工作最吸引我的是？
3、這份工作的內容，我最受不了的地方是？
4、工作價值是否跟我的傾向符合？ □是 □否 原因： 我的工作價值傾向是 （列出前五名）： 這份工作的工作價值是 （列出前五名，根據你看到的來判別）：
5、如果我想從事這個工作，我需要加強哪方面的能力？
6、經過評估，我是否仍想將這份工作列為夢想中的工作？ □是。 原因： □否。 原因：

賴芳玉：那些不公平的過程，讓我找到工作的價值

賴芳玉律師專長是處理家庭暴力、性侵害、婚姻等案件。她長期關懷受暴婦女案件，總是不計酬勞、不怕壓力的為受暴媽媽與孩子們挺身而出、奔走訴訟。將暴力驅逐出家庭，保障婦女與孩童的人權，促進兩性平權，是她一直在追求的理想。

因為小時候在學校就是弱勢者，致使我一直以來最想做的事就是替弱勢者講話，或是幫沉默、不善於表達自己的人發聲，這個想法促使我後來成為一個為弱勢爭取權益的律師。

我在桃園出生，父母都說台語，沒有念幼稚園就直接進小學。那時候在學校講台語要被罰錢，但我根本還沒機會學國語。因為不希望被處罰，我選擇不說話。

在學校裡沒辦法多說話，讓我變成學校裡的觀察者。我觀察到家裡有錢或鋒頭很健的優勢學生，不但朋友多，老師也特別喜歡他們。老師對功課好的學生特別好，而沉默、文靜的學生很容易被孤立、排擠、沒有朋友的。小學的時候，沉默填滿了我在學校的日子；我在學校是疏離、孤單、沒人協助的。那時候我非常喜歡閱讀，讀了羅家倫寫的《新人生觀》，還有《居禮夫人傳》、漫畫等各式各樣的書。

去住家附近的小書局看書，是我的喜好。因為我有很多困惑，書的世界很安全，也有很多答案。在學校，沒有人可以解惑，父母也很忙，可是我會從書裡頭摸索出一些答案。例如我喜歡《飄》這本小說，女主角個性很堅毅，堅毅這件事情是我很認同也很崇拜的特質。又如，我喜歡看《尼羅河女兒》，就延伸去看有關法老王的歷史故事。國中開始迷三毛，她書裡面流浪的特質非常吸引我，讓我知道外面的世界非常精采，不是只有考試、升學、苦悶的日子。

窩在書的世界裡很快樂。閱讀培養出我獨立思考的能力，可是我看到學校老師在乎的永遠只有優勢學生，他們並不想幫助我。「有教無類」，對我來講是一種諷刺。

那時候我想，如果老師只是要考試考得好，對我來說不難。國中開始我就拚命念書，一直拿獎學金、當模範生，但我心裡對這一切都感到可笑。我原來只是想測試一下我的假設：「只要功課好，老師就會喜歡你、同學自動會來找你。」結果在學校裡原來真的是這樣！

以我自己的經驗來看，學校根本沒有給我什麼，只給了我一堆憤怒跟不平等。這種憤怒跟不平等，也促成我後來成為一個為弱勢爭取權益的律師，因為我小時候在學校就是弱勢者。我最想做的就是替弱勢者講話，或是幫沉默不善於表達自己的人發聲。我比別的弱勢者幸運的是，我能夠自我學習，自我學習讓我可以找到答案，也找到解決問題的方式。

——摘錄自《晨讀10分鐘：啟蒙人生故事集》親子天下出版

賴芳玉的探索

⬇

喜愛閱讀，培養獨立思考、
自我學習的能力

⬇

求學時看到弱勢者的困境，
體會到不平等的待遇

⬇

找到幫助他人的工作價值：
成為一個為弱勢爭取權益的
律師，替弱勢者發聲

- 你希望透過工作創造出什麼樣的價值，就是你的工作價值觀。
- 工作價值可以大略分為：內在價值、外在價值、社會價值、聲望價值等四大類型。
- 未來在尋找工作時，除了要考慮工作價值觀，也應該思考：這份工作是否符合自己的專長？
- 撰寫「職業學習單」，幫助你深入了解工作的內涵，可以作為未來選擇工作時的重要參考。

延展練習

1. 畫三個同心圓，從內到外，依照你所認為的重要性，寫下三個不同的工作價值。

2. 從報章雜誌上，找出一位你喜歡的工作者專訪，請你研究對方的工作價值觀和專長是什麼？他身上有哪些東西是你可以學習的？

3. 如果你已經找到未來想從事的職業，想一想，你還需要培養哪些能力，才能讓自己勝任這份工作。

痛點 7

我該怎麼找到自己的夢想？

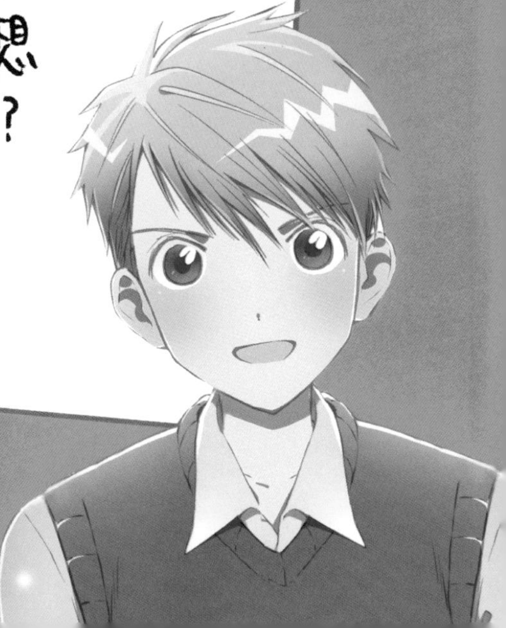

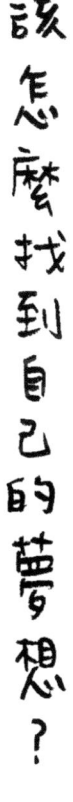

把你的夢想越清楚的描繪出來，就更有圓夢的力量喔！

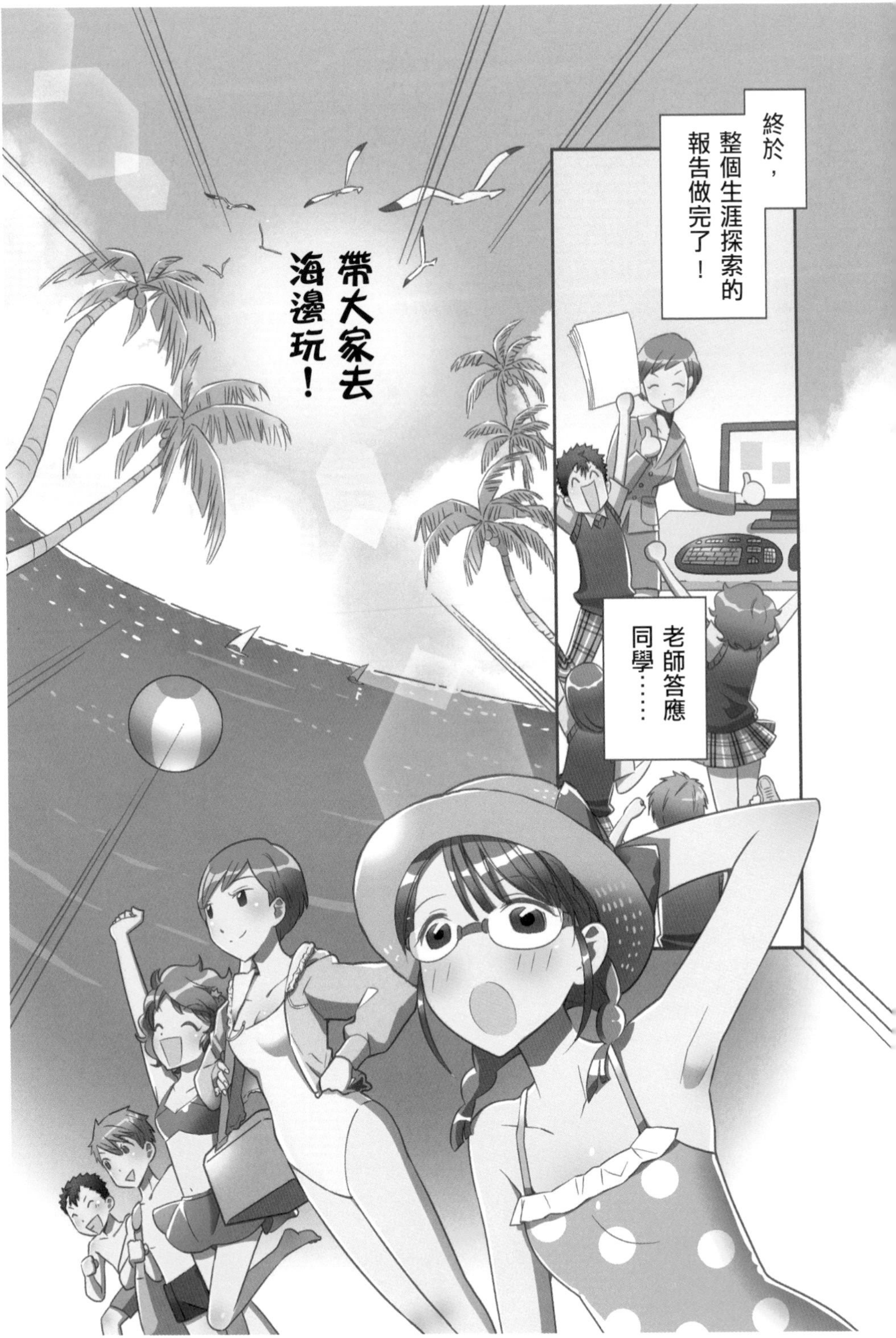
終於，整個生涯探索的報告做完了！
老師答應同學……
帶大家去海邊玩！

YA—
哇——
嘩——
莉雅，你有跟媽媽好好溝通嗎？

嗯，我跟媽媽約定好，就是要認真讀書，但媽媽也要每天讓我寫一個小時的小說，還有看看我想看的書。
那太好了！
但老師，
我還沒有找到自己的方向。
別急，你喜歡寫作，可以一邊發展自己的興趣，一邊慢慢探索。
妙妙跟品嘉都有自己的偶像，
很清楚自己的方向。
嗯～～

莉雅，那你有偶像嗎？
如果有一個效法的典範，也是找到夢想的好方法喔！
有嗎？
……有……
可以跟老師分享嗎？
……
就是……
老師……你啊！
……
哈哈……
這是我的榮幸！真是太開心啦！

你，想過自己未來的樣子嗎？

妙妙、宥寧對於未來都有了比較清楚的想法，而莉雅還在探索自己未來的方向；喜歡寫作，但真的要走上作家這條路嗎？答案似乎還不明確。

你想過自己未來的樣子嗎？

是成為科學家，整天埋首在實驗室中做研究？還是成為電視新聞主播，在螢光幕上流暢的播報新聞？或是當個大老闆，每天搭著飛機到國外開會？「我以後可能變得那麼厲害嗎？」你可能會感到疑惑，未來感覺像是很遙遠的事。其實，只要你「想要成為」，從那一刻開始，你都有機會成為自己想成為的樣子。

這就是夢想的力量。

什麼是夢想？

日本棒球明星鈴木一朗，就讀小學六年級時，在一篇日記裡寫下了自己對夢想的期待。他希望自己高中畢業就可以加入職棒，還明確寫出希望加入的球隊，最後他寫下自己最大的夢想，就是成為一個職棒選手，如今他是美國職棒大聯盟的巨星，創下連續十個球季締造兩百支以上安打的世界記錄保持人。

什麼是夢想？夢想，就是現在的你，對著未來的你，許下的承諾。

因為不讓未來的自己失望，你盡一切努力，讓承諾得以實現，即使追夢的過程中，你遇到了很多挫折和打擊，你仍不會輕易地打退堂鼓，陸續地完成了短期、中期、長期的目標，直到夢想實現那一天的到來。

你，跟未來的自己，做好了承諾嗎？

如何找到你的夢想？

夢想，應該代表對你最重要的事，透過這件事，你彰顯了個人存在的價值。換句話說，夢想又代表著「我想成為怎樣的人？」、「未來過著怎樣的生活？」以鈴木一朗為例，他的夢想就是成為「一流的職棒選手」，「在世界棒球的最高殿堂裡不斷的超越極限」。

現階段的你，可能還在探索自我，搞不清楚自己的夢想是什麼，或是無法確定自己所想像的未來，究竟是夢想，還是不切實際的幻想？或許，你也可能把父母、師長對自己的期待，當成了夢想。

該如何找到真正屬於自己的夢想？你可以從以下五個問題去思考：

◆ **如果有機會成功，你最想做的事情是什麼？**

◆ **未來，如果不以賺錢為第一目標，你最想做的事是什麼？**

◆ **對你來說，能夠結合興趣、天賦跟優勢的事情是什麼？**

◆ **媒體上出現的成功人士，誰是你最想成為的人？**

◆ **你聽過讓自己心生嚮往的事情是什麼？**

不必考慮現實的狀況，憑直覺將答案寫下來，隔一個星期後，再寫一次，經過一個月後，始終存在的答案，應該就是你現階段的夢想。

最有機會實現的夢想，就是跟你的興趣、天賦、優勢相結合的事情，如果你的夢想跟自己的才能存在著差距，並不代表你沒有機會實現夢想，而是你必須付出比別人更多的努力。你也可以透過以下三步驟來追尋你的夢想。

三步驟，追夢成功！

1 看看你理想中的未來

所謂的夢想，換句話說，就是未來你想成為怎樣的人？過著怎樣的生活？或許你還不能很清楚說出你的夢想，沒關係，試著回答182頁的幾個問題，會幫助你對於自己的未來有更清楚的想像，更容易找到自己的夢想以及通往夢想的路徑。

- **請描述17歲（高中時）的你會有什麼樣的學校生活？**
- **請描述19歲（大學時）的你會就讀什麼科系？**
- **請描述22歲（大學畢業時）的你會就業還是繼續升學？**
- **請描述25歲的你可能的工作地點會在哪裡？**
- **談談28歲的你會有什麼樣的個人生活？**
- **描述30歲的你會從事什麼工作？職位如何？有什麼樣的辦公室？**
- **描述35歲的你會有什麼樣的居住環境跟家庭生活？**
- **如果現在是30年後的今天，你的這一天會怎麼度過？為什麼？**

2 撰寫圓夢計畫書

經過前面的描述，你應該對於自己未來的工作、生活、職業有了比較具體的想像，對於所謂的夢想也清晰許多。

但如果你的「夢想」始終停留在「想」，最後就只會成為空想。要讓夢想成為你發展生涯的動力，就要夢想拆解成不同階段的目標，藉著完成每個階段的目標，最後就能實踐夢想。

撰寫圓夢計畫書的另一個好處，就是讓你的夢想具體化，當夢想變得越來越鮮明、清晰，你也會更容易感受到夢想的召喚，進一步採取實踐的行動。

讓我們試著以妙妙的圓夢計畫書作為範例：

妙妙的夢想：成為世界一流的插畫家，並且擁有自己的工作室

15歲	考上〇〇高中美術班
18歲	考上〇〇大學美術系
22歲	舉辦第一次個人插畫展，出版第一本作品集
25歲	在國際插畫比賽獲獎
30歲	加入國際插畫設計大師的工作團隊磨練
35歲	在海外舉辦個人第一次插畫展
40歲	成立自己的插畫設計工作室

我的夢想：

15 歲	
18 歲	
22 歲	
25 歲	
30 歲	
35 歲	
40 歲	

請根據步驟 1 中你對於夢想的描述，寫下自己的圓夢計畫書吧！

3 檢視、調整、再出發

即使仔細擬定好計畫，努力去實踐行動，但在追求夢想的過程中，能夠永遠一帆風順、心想事成的人，少之又少。過程中，難免會遇到挫敗，該堅持下去嗎？想必你一定會有這樣的煩惱。事實上，遭遇困難在所難免，但如何從挫敗中，排解情緒、解決問題？以下有幾個好方法，可以幫助你檢視、調整自己的計畫，再重新出發。

◆從客觀上，找到解決問題的方法

當你在尋夢的過程中遭遇失敗時，例如：你夢想考上某一所學校，卻屢考不上，這時你就必須面對問題，去思考，我為什麼會挫敗？

有時候一個人的成功與否，除了自己努力，還有一些不可抗拒的因素。例如：考試的時候身體出現了什麼狀況？或者在準備的過程裡有什麼事情影響了你，甚至是因為時運不濟而讓你遭受挫敗。找出失敗背後的原因，能夠克服的就予以改進、調整，無法抗拒的因素，就只能接納它，然後再試一次。

如果你已經知道自己的問題在哪裡，但你不知道怎麼處理，這時候你就需要良師益友來幫助你。

學會用智慧來解決問題，才能讓你再往前進，否則當你不了解自己為什麼會失敗，憑著一股熱情的一試再試，最後反倒可能會有反效果，讓你越勇越挫。

◆在情緒上，找到正向激勵自己的能量

遭遇挫敗時，每個人的心理都會產生失望、沮喪、失落，甚至悲傷的各種負面情緒。如何排除這些情緒，也是一個很重要的課題。

你可以找朋友、老師、家人傾訴，當你每次跟某一個人講完之後，情緒就獲得紓解，這個人可能就是你最佳的紓解對象，請他協助你。

你也可以找一些不會傷害別人或自己的活動，例如：去運動，跑得滿身大汗後，覺得舒坦多了。或者聽音樂、自己關在房間裡大聲唱歌，唱完之後覺得很舒坦，這就是屬於你的獨家紓解祕方。

最後，你也可以多看一些激勵人心的電影、小說或者人物傳記。去看看

成功的人物背後遇到的挫折、走過的困難，藉由他們努力不懈的正向力量，來幫助自己走出低潮。

夢想是在遠方的一個目標，從此刻的起點，走到夢想的道路絕對不會只有一條，遇到挫敗時，記得面對問題，排解情緒，最後重新檢視自己的計畫，會幫助你更有機會往自己的目標靠近。

鈴木一朗：用堅持完成棒球夢

知名日本職棒選手，中學畢業後加入日職歐力士隊，開始了他的職棒生涯，曾創下日本聯盟史上最高打擊率、連續七年太平洋聯盟打擊王等記錄。被封為「安打製造機」及「打擊之神」。加入美國大聯盟後，依然不斷創下記錄，擁有大聯盟單季最多安打的紀錄，以及連續十個球季兩百支以上安打的世界記錄。

鈴木一朗，一位日本愛知縣出生的棒球選手，不但在美國的職棒圈大放異彩，而且還得到全球運動迷的景仰。這在競爭劇烈的運動界，是多麼不容易的事，但鈴木一朗卻辦到了。

鈴木一朗有多厲害呢？他高中畢業後，就進入了日本職棒，曾經連續七年拿到日本職棒打擊王，還有一堆獎項，除了全壘打王，其他的打擊獎項他都拿過了，而且還連續七年拿到外野金手套（代表他在外野的位子防守得最好），後來他挑戰美國職棒大聯盟，拿過打擊王、年度最有價值球員、盜壘王、安打王。而在大聯盟中眾多的台灣、日本、韓國球員中，也以鈴木一朗的表現最為出色。

不過，鈴木一朗最為人津津樂道的地方，就是他連續十年，每年都打出兩百支以上的安打，還曾經創下了單季打出兩百六十二支安打的記錄。在美國大聯盟史上，他目前還是連續十年超越二百支安打的記錄保持人。

鈴木一朗是怎麼創造出這些棒球場上的傳奇？如果你知道他為棒球所付出的心力，就知道他的成功，完全是憑實力得來的。

他從小學三年級開始正式練習棒球，第一個教練就是他的父親。每天下午三點，父親都會接他去球場練球，一開始是投球練習，投了五十球後，再進行打擊訓練。從小學三年級至小學六年級這四年之間，父親每天投一百八十個到二百個左右的球，讓鈴木一朗打擊；不知不覺中，他學習到了強大的集中力，以及正確掌控球棒的方法，程度遠遠超過一般的小朋友。

由於父親對他的訓練，涵蓋了投球、打擊、守備，鈴木一朗不論在哪一項都累積了很強的能力。高二那一年，因為一場車禍，讓他的投球姿勢完全變形，速度也大幅變慢，於是他不再擔任投手，改當外野手，並將所有的心力放在打擊上，締造了日後耀眼的打擊成績。

即使日後成為傑出的棒球明星，鈴木一朗還是戰戰兢兢的準備每場球賽，比賽前，他一定提早兩個小時到場，做足賽前練習，揮棒三百次，至於不上場時一定在旁拉筋熱身，隨時處於備戰狀態。

要能夠不斷地打出安打，除了打擊力強，腳力也要快，而鈴木一朗鍛鍊腿力的方法就是爬山，他爬的山有一千四百二十二個階梯，於是他就一步一階，先爬五次，然後再一步兩階，爬五次，等到暖身做好了，再一步一階爬十二次，總計二十二次，苦行僧般的訓練，讓人覺得不可思議。

鈴木一朗曾經說過，很多人形容他是天才型的運動員，其實他的「天才」都是透過後天的努力加上嚴謹的紀律，所激發出來的結果。

在小學六年級的日記中，鈴木一朗寫下了要成為職棒選手的夢想；如今，他不但實現了夢想，而且，還成為棒球史上最能夠激勵人心的名字之一。（文／謝其濬）

鈴木一朗的探索

國小三年級開始練習棒球。

國小六年級立志成為職棒選手，
寫下圓夢計畫

高中畢業後加入職棒，不斷締造記錄

嚴苛與高度紀律的練習

每年都打出兩百支以上的安打，還曾經創下了單季打出兩百六十二支安打的記錄，在美國大聯盟史上，他目前還是連續十年超越二百支安打的記錄保持人

- 夢想，就是現在的你，對著未來的你，許下的承諾。
- 夢想，應該代表對你最重要的事，透過這件事，你彰顯了個人存在的價值。
- 能與你的興趣、天賦、優勢相結合的夢想，獲得實踐的機會最高。
- 撰寫「圓夢計畫書」，將夢想拆解成不同階段的目標，藉著完成每個階段的目標，最後就能實踐夢想。

延展練習

1. 找出一名你心中的偶像，研究對方是如何發展到現在的地位。

2. 如果你已經有確定的夢想，想一想，你還需要培養何種能力，才能實踐夢想？

3. 想一想，誰能協助你完成夢想（如良師益友）。

痛點 8

我該怎麼建立我的生涯規畫？

展現「圓夢力」！
一起來畫出自己的
生涯規畫圖吧！

砰！
各位！
兩萬！
我們的粉絲數正式衝破兩萬人啦！

這表示我們的採訪確實對同學們有幫助！
是——
接下來，國二、國三沒有社團，但大家不要忘記這次的學習喔。
宥寧，你現在決定當動畫師，還是廚師呢？
唉，老師，
我想我還是回來搞電腦好了，那天差點燒掉我家廚房，我媽氣死了！
哈哈哈哈
妙妙你呢？
嗯～
我現在有點猶豫要念高中還是高職，
如果要當插畫家，好像兩個都可以……
呵呵，沒關係，

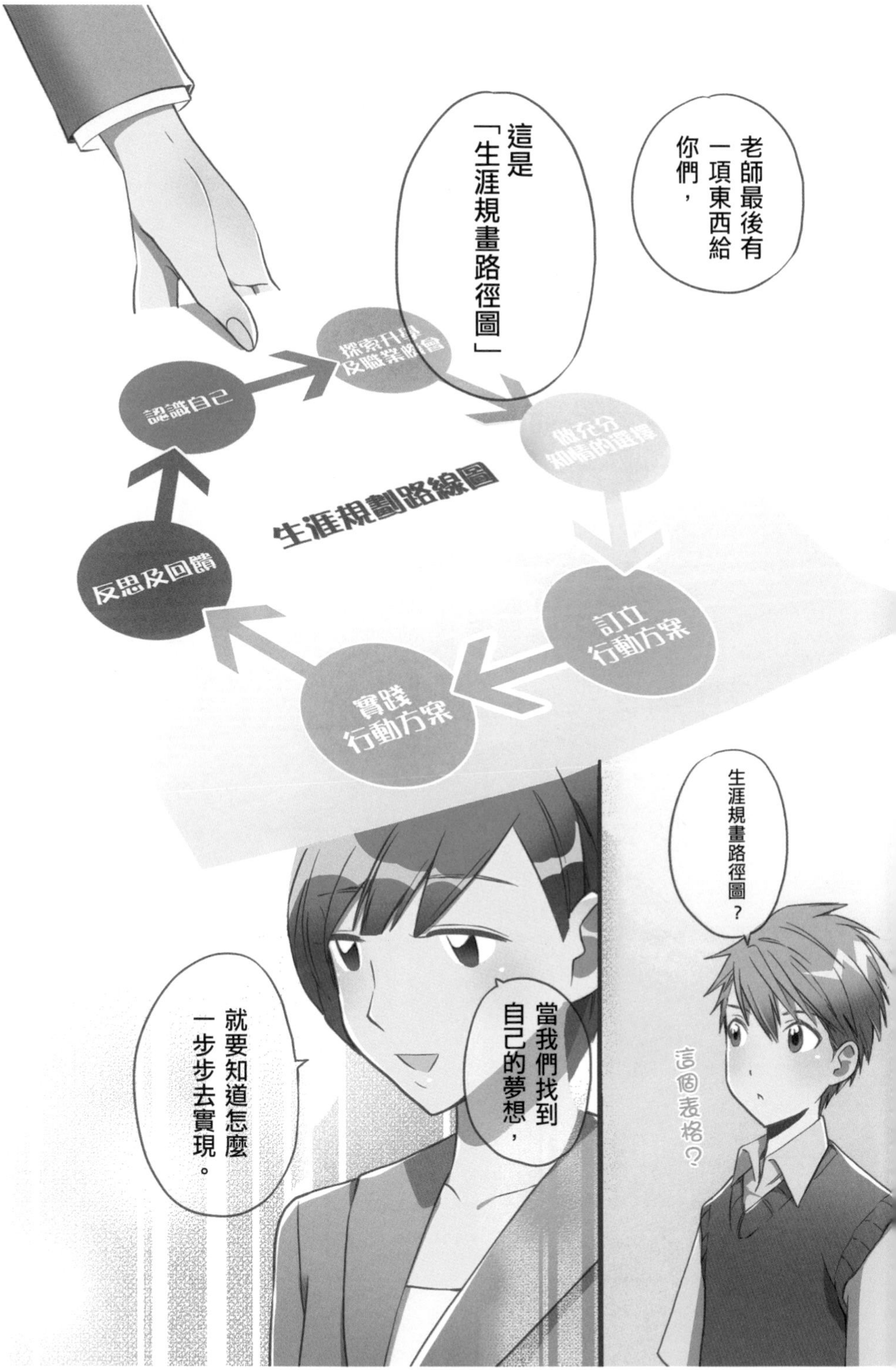
老師最後有一項東西給你們，
這是「生涯規畫路徑圖」
生涯規劃路線圖
認識自己
探索升學及職業機會
做充分知情的選擇
訂立行動方案
實踐行動方案
反思及回饋
生涯規畫路徑圖？
這個表格？
當我們找到自己的夢想，
就要知道怎麼一步步去實現。

以妙妙為例，想當插畫家，
就要知道插畫家需要哪些能力，有什麼學校可以幫助你。
職業學校
自修
般高中
美術班
電腦應用
你還需要多培養哪方面的專長？
當你把這張表填好以後，你就會清楚自己該怎麼做了。
哇！聽起來好棒喔！
這樣你就不會每次看到帥哥就改變自己的目標了吧！
你說什麼——別跑！
哇——救命啊——

我該怎麼規畫我的生涯？

經過一段時間的摸索，莉雅、妙妙、宥寧對於自己的未來和夢想，輪廓似乎越來越清楚了。只是，夢想有時候就像是天邊的星星，閃閃發亮，感覺卻很遙遠，該怎麼做，才能讓遠在天邊的夢想獲得實現呢？

實現夢想，從另一個角度看，就是去完成你所選擇的生涯，你所做的選擇越適合自己，完成的機會就越大。經過了前面章節的探索，相信你對於自己，以及未來發展上的客觀條件已經有了一些深刻的認識，也比較清楚自己的夢想是什麼了。

如何將這些你所知的內在條件與外在條件結合起來，幫助自己朝向一個理想的未來前進，這時候你就需要為自己的生涯做一個規畫。

五步驟，建立自己的生涯地圖

如果，你希望在未來，自己的夢想有實現的一天，那麼，你就應該開始著手規畫生涯，並按照下方的「生涯規畫五步驟」，按部就班的朝夢想邁進。

生涯規畫五步驟

步驟	我該做什麼？
①認識自己	認識自己的興趣、性向、專長、決策風格、價值觀
②探索升學和職業機會	了解升學、選組、科系、職業的相關資訊 普通教育或技職教育？自然組或社會組？就讀那個科系？選擇什麼樣的職業？
③訂定行動方案	為了完成夢想，你需要做些什麼？培養哪些能力？
④實踐行動方案	採取具體的行動，發展自己選擇的生涯，並時時檢視與修正
⑤培養圓夢力	加強人際力，視野力與多元能力

1 認識自己

規畫生涯的第一步，就是「認識自己」。經過前面幾個單元的練習，你對自己的了解變得比較清楚了嗎？如果沒有，你可以透過企業管理上的「SWOT分析」，來分析個人的優勢與展望。

所謂的「SWOT分析」，指的就是找出你的優勢（Strength）、劣勢（Weakness）、機會（Opportunity）、威脅（Threats）。從個人的角度來看，前兩項分析的是你個人的優勢和劣勢，後兩項是分析你所處的環境，比方說，學校、家庭。

讓我們以莉雅為例，進行她個人的「SWOT分析」。

莉雅的 SWOT 分析

S（優勢） 國文、英文成績不錯。 喜歡寫作，文章也受到老師的肯定。 根據性向測驗的結果，在語文、音樂、美術方面的表現都不錯。 做事很勤快，老師交辦的任務，都會盡力完成。	**W（劣勢）** 數學成績不好。 面對陌生人會害羞，不知道該說什麼。 體能較差，不喜歡上體育課。 缺乏自信心，很容易因為遭到退稿就否定自己。
O（機會）： 參加校刊社，可以接觸嚮往的記者工作。	**T（威脅）：** 家人不贊同我未來從事寫作相關工作。

我的 SWOT 分析

S（優勢）：	W（劣勢）：
O（機會）：	T（威脅）：

現在，請你寫下自己的「SWOT 分析」。

接著，請根據前面幾章的探索，與205頁所寫下的分析，填寫這張自我檢視表幫助自我瞭解：

一、我是＿＿＿＿＿＿＿＿＿＿型的決策者。

二、我對＿＿＿＿＿＿＿＿＿＿感興趣。

三、我在＿＿＿＿＿＿＿＿＿＿有天分。

四、我在學科中的＿＿＿＿＿＿＿＿表現比較好。

五、我的專長是＿＿＿＿＿＿＿＿＿＿。

六、我的學習強弱項分別是：

強項＿＿＿＿＿＿＿＿＿＿

弱項＿＿＿＿＿＿＿＿＿＿

七、工作價值中，我最重視＿＿＿＿＿＿＿＿。

八、我能肯定自我的選擇嗎？為什麼？

＿＿＿＿＿＿＿＿＿＿＿＿＿＿＿＿

2 探索升學和職業機會

對於未來你想就讀的科系，以及你想從事的職業，你累積足夠的資訊了嗎？如果沒有，請利用「科系學習單」和「職業學習單」，收集你未來進行生涯抉擇時所需要的資訊，並且將探索的結果寫在底下。

我現在感興趣的科系是：

____

入學方式是：

____

教學方向是：

____

未來出路是：

____

我現在感興趣的職業是：

____

工作內容是：

____

科系背景是：

____

工作價值是：

____

3 訂定行動方案

實現夢想最具體的做法，就是把生涯目標轉化為階段性目標，然後逐步去完成。請參考184頁所寫的「圓夢計畫書」，在209頁列出你的夢想短期目標，再根據這個目標，訂定具體的行動方案。比方說，提升英文能力、學會電腦文書軟體等。

接下來，進一步找出升高中之前，你應該要完成的目標。

如果生涯像是一趟旅程，「夢想」就是我們的目的地。在邁向夢想的過程中，我們可以透過「行動能力分析圖」，確認自己距離夢想還有多遠，該怎麼走，才能朝夢想更進一步。

請根據前面你所做過的測驗與自己的評估，製作一個正五角形，假設五角形的中間點是夢想，針對這個夢想的興趣、性向、信心、工作價值、學習強弱項為五個端點，到夢想的直線距離分成五等分，看看每一項各占五分之中的幾分，標示出來之後，把點跟點連接起來，就是一張你自己的行動能力分析圖。（見210頁）

我的短期目標是：

我的行動方案是：

升高中前，我必須完成的目標是：

我的行動能力分析圖

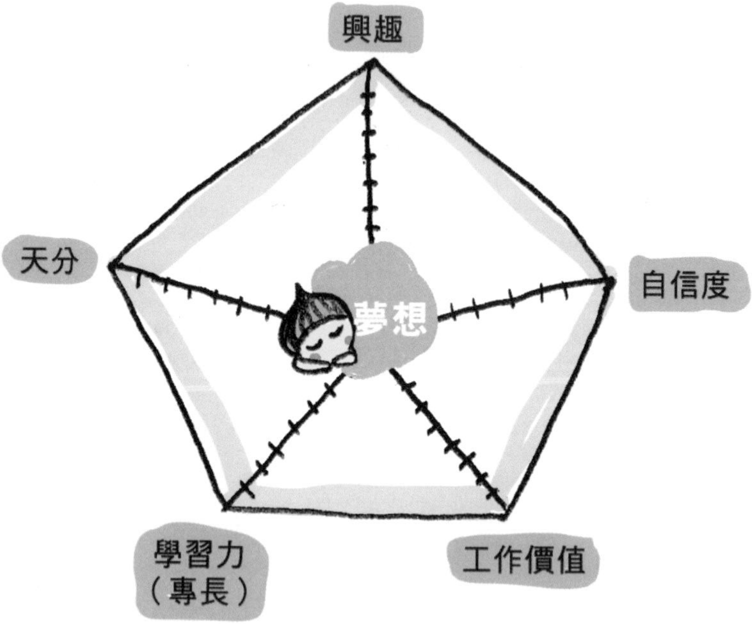

畫出行動能力分析圖以後，就可以更清楚的看出來，想要完成夢想的話，自己需要加強的是哪些部分了。

4 實踐行動方案

有了夢想，有了目標，也分析出自己的強弱項，就要落實行動，積極讓自己朝向夢想前進。唯有付諸行動，才能確認現在走的這條路方向是否正確，也才能透過探索和學習，得到更多有助於夢想實現的知識、能力與技巧。

不必害怕失敗或困難，因為唯有實際去執行、去嘗試過了，才會知道有什麼需要改進的空間，還要花費多少努力才能達成目標，甚至評估是否有必要修正行動方案。追求夢想的旅程，不能只在原地踏步，許多成功人士都是不斷在種種困境中堅持理念、增強自我實力，最終才能實現自我夢想。

以自己的強弱項為出發點，能多方嘗試、逐步完成各項短期目標的話，距離「夢想」這個目的地就更加接近了。在行動的過程中，隨時回過頭來檢視「行動方案」和「行動能力分析圖」，利用這些行動座標，幫助自己時時定位，不但能夠看出進步與否，建立自信心，也能夠藉由再次思考自己對於目標的想法，保持動力，堅定圓夢。

5 培養圓夢力

在追求夢想的過程中，除了盡力於學校的課業，也不要忽視了課外活動。參加適合自己的課外活動，不但能夠有助於自我探索，發掘自己的興趣與天賦，也能夠加強以下三種「圓夢力」。

◆ 多元能力

很多在課外活動所學習到的能力，包括了面對公眾發表意見、領導團隊、活動策劃，這些能力或許無法馬上反映在課業成績上，但未來在圓夢旅途上，都可能及時派上用場，成為你的致勝武器。

人際力

要完成夢想，通常不會只靠自己孤軍奮戰，你需要有良師益友指點迷津，也要找到志同道合的夥伴一起努力。因此，良好的人際關係，不但可以幫助你圓夢，也可以豐富你的人生。就像知名樂團五月天，團員是高中時代就認識的好友，靠著多年來培養的好默契，在歌壇創造出今天的好成績。

視野力

豐富的生活經驗，可以擴大視野，看到別人沒發現的機會。因此，不論是參加社團活動、志工服務，或是參與國際會議，你都能因此拓展生活領域，而人生也因此變得更精采。

安藤忠雄：靠著自學，開創自己的一片天

日本知名建築家，曾獲建築界最高榮譽「普立茲克獎」。從未接受正規科班教育的安藤忠雄，透過自學與旅行，實現了他的建築夢。在生活中引進自然，並融入居住者的哲學，是他特有的設計風格。

在台灣，談到最有人氣的日本建築師，首推安藤忠雄。

他所設計的建築物，在當地往往成為知名地標，吸引眾多粉絲前去拜訪。只要他來台演講，會場一定會擠得水泄不通。

然而，這麼一位享譽國際的建築大師，從來沒有接受過正規的科班教育，他的建築專業，是靠著自學所練就出來的。

安藤忠雄出生於大阪，因為父親是木工，在耳濡目染下，他覺得製作東西很有趣，很想要朝建築師這條路去發展，但是家中經濟條件不佳，他高職畢業後無法繼續升學，只好到家具店當學徒。

但是，安藤忠雄並沒有放棄他的建築夢，既然沒有辦法上大學，他就請就讀建築系的朋友幫他買教科書，然後每年早上八點起床念書，念到凌晨二點才休息，硬是把別人得花四年學習的內容，在一年之中完成。

對於建築知識的渴望，讓安藤忠雄願意每天少吃一頓飯，只為了存錢買書。他曾經看中一本法國建築大師的作品集，只是實在太貴，他實在買不下手，又怕被人買走，於是每次去書店，就偷偷把這本書藏到別的書底下，直到他終於存夠了錢，才順利買下來。得到這本書後，安藤忠雄如獲至寶，光是用看的無法滿足，他還模擬繪圖，幾乎把所有的圖都背下來。除了看書、畫圖，安藤忠雄發現，要提升自己設計實力的另一個關鍵，就是要多旅行，親自拜訪大師們的作品，才能打開眼界。

不過，他沒有旅行的經費，怎麼辦？當拳擊手的弟弟告訴他，只要拳擊打得好，就可以出國參加比賽，如今他決心跟著弟弟去打拳擊，一來可以賺錢，二來又能出國旅行。

一年後，才二十出頭的他，就成為職業拳擊手，有機會出國比賽。往往只要比賽一結束，他就脫下拳擊手套，拿起畫筆，到附近的景點去欣賞建築，隔天再繼續參加比賽。

一個沒有受過正規建築訓練的年輕人，透過自學、旅行，獲得了成長的養分，後來也如願以償地成立了建築師事務所。

當然，沒有大學文憑的他，一開始在招攬生意時，也是經常碰壁，但是安藤忠雄毫不氣餒，抱著屢敗屢戰的精神，不斷地爭取建築設計的機會，終於在一九九五年拿到了國際上的建築設計大獎，這一年，他已經五十四歲。

回憶當年，安藤忠雄曾經說過：「最辛苦的是，沒有一起切磋學問的朋友。我連自己究竟站在哪裡、是否往正確的方向前進都搞不清楚，每天跟不安與孤獨奮戰。如此在黑暗中摸索，也許這是變成有責任感的人、為了在社會上生存而要接受的考驗吧！」

通過考驗，才會變得強壯。在那麼艱困的狀況下，安藤忠雄堅持了自己的理念，也奠下了堅強的實力，一代建築大師的成長之路，每一步走來，都是這麼充滿著啟發性。（文／謝其濬）

☆延伸閱讀：《安藤忠雄：我的人生履歷書》聯經出版。

安藤忠雄的探索

↓

家裡改建，看到年輕木工屏氣凝神的工作態度，對建築產生興趣。

↓

自學，白天打工、夜晚上函授課程

↓

參訪日本各地的建築物

↓

發表處女作，飽受批評，
但受到建築攝影師的肯定

↓

找到工作的價值：「保護人們的生命安全、讓大家安心度日」努力不懈

本章重點

- 實現夢想，就是按照規畫完成你的生涯目標。
- 生涯規畫五步驟：認識自己、探索升學和職業機會、訂定行動方案、實踐行動方案、培養圓夢力。
- 利用「行動能力分析圖」，確認自己距離夢想還有多遠，該怎麼走，才能朝夢想更進一步。
- 參加適合自己的課外活動，不但能夠有助於自我探索，發掘自己的興趣與天賦，也能夠加強三種「圓夢力」。

第3章

情境習作

生涯探索小體檢

請根據你現在的生涯目標進行一個小體檢，不管這個目標是你自己的選擇，或者別人的建議，你都可以依此進行評估。以下四種，你現在的目標是屬於哪一種？（＋表示符合，－表示不符合。）

如果你選的是選項一：

你要追求的這個夢想，是你很有興趣，而你的天分、潛在的能力也符合，在學習上這也是你的強項，工作價值觀也完全吻合，恭喜你，在追夢的過程中，你有了很大的優勢，完全走在一個最適合你的

選項	興趣	天分	專長	工作價值
1	＋	＋	＋	＋
2	＋	－	＋／－	＋／－
3	－	＋	＋	－
4	＋	＋	＋	－

道路上，只要持續努力，便極有可能靠近你的目標，你有很大的機會跟鈴木一朗一樣實現自己的夢想。

如果你選的是選項二：

你很有興趣，但潛能沒有那麼好，不管工作價值是否吻合，你是否培養了該專長，你都要先考慮以下兩種情況：

◆ 如果興趣與天分的差距不是很大，那麼靠著後天的努力就可以彌補落差，你需要做的就是比別人再多努力一點。

◆ 如果差距很大，但你有十足的興趣，那麼你就要非常努力，發揮勤能補拙的效果。除此之外，你要有能接受自己可能無法達到頂尖的心理調適。例如：你很想當鋼琴家，但是手指條件限制了你對琴鍵的表現，或者你很想當籃球員，但是你的身高就是不夠。這時你就要評估是否要修正自己的夢想。以鋼琴家為例，如果你已經知道自己有一些天分上的限制，雖然沒有辦法當上頂尖的鋼琴家，但你可以成為樂團的一員、你可以當鋼琴老師等等，還是每天跟音樂在一起，這樣的狀況，你能不能接受？如果可以，就繼續努力，如果不願意，你可能必須要重新思考你的夢想。

如果你選的是三：

你在這方面很有能力，大家都認為你應該這樣選擇，但你就是對這個領域沒有興趣。

遇到這種情況時，不要太快否定、排拒這個目標。相反的，你必須多花一點時間去了解，自己沒有興趣的原因是什麼？沒興趣的程度有多高？一般來說，當你對某個領域的能力很好時，表示你可以很容易把這個事情做得很好，通常也會比較容易產生興趣。先找出沒興趣的原因，如果可以改善，一旦產生興趣，持續努力，你會很容易達成目標。

如果分析之後，你覺得自己真的沒興趣，而且排斥的程度很高，也不要急著把門關上，還是保留一點可能性，至少在學習上不要完全排除，找機會多方接觸相關的領域，也許有一天，你會有不同的想法。

如果你選的是四：

你的興趣、性向、專長都很夠，但工作價值觀不能符合，怎麼辦？

如果這個目標跟你的價值觀不合，例如：你的數理能力非常好，大家都認為你應該當醫生，但醫生的工作價值跟你很不一樣，你也不要馬上排除這個領域的學習，你還是可以選擇在數理生化的領域探索，將來選擇工作時，再做考量。例如：你選了醫學系，但真的很不想當醫生，你就可以多去探索其他相關的工作，像是生技產業、心理諮商等等。

如果當你開始找工作時，還是發現這個領域現有的工作樣態不能滿足你，這時你就要增加自己的創造力，想辦法把你的長才、你的興趣變成能符合你的價值觀。

根據這樣的評估，你對自己的選擇就會有更確實且深入的理解。影響我們選擇未來道路的因素有很多，逐夢的過程也未必都能一帆風順，但透過這樣不斷的檢視，再加上不斷的修正，相信你一定可以為自己找到一條適合的道路。

13 歲就開始❷

給中學生的
生涯探索術

找到人生目標的關鍵探索力，現在開始學習！

作　　者｜謝其濬
漫　　畫｜LON LON
插　　畫｜水腦
協力指導｜楊俐容

責任編輯｜張玉蓉
特約編輯｜游嘉惠
封面設計｜陳宛昀
行銷企劃｜王予農、林思妤

天下雜誌群創辦人｜殷允芃
董事長兼執行長｜何琦瑜
媒體暨產品事業群
總 經 理｜游玉雪　副總經理｜林彥傑
總 編 輯｜林欣靜　行銷總監｜林育菁
主　　編｜楊琇珊　版權主任｜何晨瑋、黃微真

出版者｜親子天下股份有限公司
地址｜台北市 104 建國北路一段 96 號 4 樓
電話｜（02）2509-2800　傳真｜（02）2509-2462
網址｜www.parenting.com.tw
讀者服務專線｜（02）2662-0332　週一～週五：09:00~17:30
讀者服務傳真｜（02）2662-6048
客服信箱｜parenting@cw.com.tw
法律顧問｜台英國際商務法律事務所·羅明通律師
製版印刷｜中原造像股份有限公司
總經銷｜大和圖書有限公司　電話：（02）8990-2588

出版日期｜2013 年 5 月第一版第一次印行
2022 年 8 月第二版第一次印行
2024 年 3 月第二版第五次印行
定　　價｜380 元
書　　號｜BKKKC207P
I S B N｜978-626-305-250-5（平裝）

訂購服務

親子天下 Shopping｜shopping.parenting.com.tw
海外·大量訂購｜parenting@cw.com.tw
書香花園｜台北市建國北路二段 6 巷 11 號　電話（02）2506-1635
劃撥帳號｜50331356　親子天下股份有限公司

國家圖書館出版品預行編目(CIP)資料

給中學生的生涯探索術：找到人生目標的關鍵探索力，現在開始學習!/ 謝其濬文；LONLON 漫畫. -- 第二版. -- 臺北市：親子天下股份有限公司, 2022.08
224 面；14.8x21 公分. -- (13 歲就開始；2)
ISBN 978-626-305-250-5(平裝)
1.CST: 中學生 2.CST: 生涯規劃 3.CST: 升學輔導

524.7　111008186

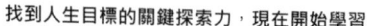